苏州市工商业档案史料丛编

兰台众羽　春华秋实

苏州市工商档案管理中心学术成果精编

苏州市工商档案管理中心　编

主　　　编：卜鉴民
副 主 编：吴　芳
执行副主编：陈　鑫　赵　颖
参 编 人 员：栾清照　杨　韫
　　　　　　苏　锦　程　骥
　　　　　　姜　楠　吴　飞
　　　　　　马璀莹

苏州大学出版社

图书在版编目(CIP)数据

兰台众羽 春华秋实:苏州市工商档案管理中心学术成果精编/苏州市工商档案管理中心编;卜鉴民主编. —苏州:苏州大学出版社,2019.10
(苏州市工商业档案史料丛编)
ISBN 978-7-5672-2970-9

Ⅰ.①兰… Ⅱ.①苏… ②卜… Ⅲ.①工商企业-企业档案-档案工作-苏州-文集 Ⅳ.①G275.9-53

中国版本图书馆 CIP 数据核字(2019)第 219671 号

书 名:	兰台众羽 春华秋实——苏州市工商档案管理中心学术成果精编
	LANTAI ZHONGYU CHUNHUA QIUSHI
	SUZHOUSHI GONGSHANG DANG'AN GUANLI ZHONGXIN XUESHU CHENGGUO JINGBIAN
编　者:	苏州市工商档案管理中心
责任编辑:	王　亮
封面设计:	吴　钰
出版发行:	苏州大学出版社(Soochow University Press)
社　址:	苏州市十梓街1号 邮编:215006
印　刷:	苏州工业园区美柯乐制版印务有限责任公司
邮购热线:	0512-67480030
销售热线:	0512-67481020
开　本:	700 mm×1 000 mm 1/16 印张:10.75 字数:155千
版　次:	2019年10月第1版
印　次:	2019年10月第1次印刷
书　号:	ISBN 978-7-5672-2970-9
定　价:	48.00元

若有印装错误,本社负责调换
苏州大学出版社营销部 电话:0512-67481020
苏州大学出版社网址 http://www.sudapress.com
苏州大学出版社邮箱 sdcbs@suda.edu.cn

序

2007年，在国有企业改制的洪流下，为顺应档案资源管理的新形势和新要求，苏州市工商档案管理中心（简称"中心"）应运而生，由此掀开了改制企业档案管理的新篇章。如今，12载光阴匆匆，中心始终坚守初心，在筑牢档案管理基石的基础上，秉创新理念，结累累硕果，走出了一条通向世界的"苏州特色"高质量创新发展之路。

存史有新招，开创苏州新模式。中心的成立，意味着全国首家专门管理改制企业档案的机构诞生。从2007年到2018年，中心用了12年的时间完成了来自25个行业581个全宗的200余万卷档案的接收整理工作，较好地守护了苏州民族工商业的历史，这是企业档案管理史上的一个创举。令人惊喜的是，在清点整理这数百万卷改制企业档案的过程中，我们挖掘出了更加耀眼的档案瑰宝——29 592卷"近现代中国苏州丝绸档案"，自此开启了围绕这些"镇馆之宝"的一系列工作，并取得了丰硕的成果。

资政跟时代，助推"一带一路"。档案工作应始终树牢"四个意识"，坚定"四个自信"，做到"两个维护"，肩负资政使命。在习近平新时代中国特色社会主义思想指导下，中心紧抓苏州丝绸产业振兴发展规划和"一带一路"倡议的历史机遇，广泛征集丝绸档案，深入挖掘档案价值，积极申报世界记忆，拿出了一张张漂亮的成绩单：独有的"征集大格局"就此形成，珍藏的"近现代中国苏州丝绸档案"成功入选联合国教科文组织《世界记忆名录》，全国首家丝绸档案馆——苏州中国丝绸档案馆得以建立,全世界第五家世界记忆项目学术中心在苏州成立。中心以档案人的身份行动起来,紧跟新时代,为宣传丝绸文化、发展丝绸经济、弘扬丝路精神注入了一脉活力。

开发有良方,激活档案新能量。长久以来档案资源都面临着"重收藏轻利用"的局面,中心积极突破思维壁垒,招贤纳士,广泛借力,对馆藏丝绸档案进行了多角度深层次的开发利用。中心与企业、科研院校合作,组建中国丝绸档案馆专家库,建立"传统丝绸样本档案传承与恢复基地"等专业平台,为丝绸档案的开发利用提供了丰沃土壤。同时,中心工作人员笔耕不辍,书籍、论文、科研项目多面开花,编研成果丰富,公开出版多本书籍,在专业期刊发表相关论文40余篇,组织完成了数十项科研项目。种种举措,让沉睡在库房的丝绸档案逐渐苏醒,让世人重新认识沉淀在丝绸里的千年中华文明。

教化有新意,多管齐下创佳绩。档案是历史的真实记录,是教化育人的重要载体。如何将创新意识融入育人工作,是中心一直在探索的。为此,中心建立了档案的"未成年人观",编纂了生动有趣的青少年科普读物"档案伴我成长系列丛书",并通过在校园举办展览、讲座等,在青少年中推广丝绸和档案文化,深化世界记忆项目在中国的发展。同时,中心在校园招募志愿者队伍,为档案保护工作注入年轻血液的同时,也让青少年转换角色,主动参与到相关工作中来,获得成长。

习近平总书记说过,档案工作是一项基础性工作,各项事业的发展都离不开档案。这充分肯定了档案工作的重要性,也让我们感受到肩头上沉甸甸的使命。如今中心已走过12载春秋,一路伴着汗水,也踏着花香。展望未来,美好的远景更催人奋进。中心将继续秉持优良的精神,牢记初心,砥砺前行。

卜鉴民

2019 年 9 月

[目录]

CONTENTS

001　守护篇

- 002　走进新时代　共赴新征程
- 004　改制企业档案管理政策制度及处置原则探讨
- 014　改制企业档案处置研究
- 022　关于推进基层档案建设的思考
- 027　机关档案数字化建设标准研究
　　　　——以苏州市机关文档中心为例
- 032　苏州市市级机关档案管理工作的新实践
- 037　浅谈"互联网+"时代企业档案管理的信息化建设

043　赋能篇

- 044　筑牢档案之基　答好"创新四问"
- 048　档案开发利用创新模式研究
　　　　——以建立档企合作基地为例
- 055　创新档案开发　实现档企合作
- 059　丝绸档案整理办法的探索与实践
- 064　档案资源征集实践与探索
　　　　——以苏州中国丝绸档案馆档案征集工作为例
- 070　珍藏丝绸记忆　开创历史辉煌
　　　　——记中国丝绸档案馆征集工作五年征程

075 激活档案资源　赋能产业发展
　　　——开创丝绸特色档案收、管、用新模式

083　传承篇

084　世界记忆项目苏州学术中心职能定位与实践路径
088　世界记忆工程背景下的苏州丝绸档案
093　近现代苏州丝绸样本档案
098　纸间的咏叹调
　　　——记苏州丝绸档案成功推荐入选《世界记忆名录》
104　亲历申遗那些事儿
　　　——"近现代中国苏州丝绸档案"入选《世界记忆名录》始末
109　世界记忆工程对中国档案事业发展的影响
118　打造历史文化名城中的档案力量

123　共享篇

124　芬兰和俄罗斯档案工作一瞥
128　服务"一带一路"　助力丝绸档案走向世界
　　　——考察瑞士、法国档案工作归来话感受
131　档案海外展览展示工作初探

136　身在其中　方知其味
　　　　——赴美培训见闻走笔

139　德国联邦军事档案馆学习访问启示

143　从"深闺"走向世界
　　　　——苏州丝绸档案赴德国、捷克展览纪实

148　原则与路径：从"殊途"走向"同归"
　　　　——江苏档案培训团赴美培训考察印象和思考

156　"六大工程"构建新时代档案发展新优势

161　**后记**

守护篇

走进新时代　共赴新征程

习近平总书记在中国共产党第十九次全国代表大会（简称"党的十九大"）上做的报告（简称"党的十九大报告"），是面向决胜全面建成小康社会、开启中国特色社会主义新时代的政治宣言，整个报告思想博大、内涵丰富，鼓舞人心、催人奋进，为全党全国各族人民站在新的历史起点上，踏上中国特色社会主义现代化国家的新征程吹响了时代号角。党的十九大报告提出了一系列新思想、新观点、新论述，我们全体党员干部要深刻领会、准确把握。

经过长期努力，中国特色社会主义进入了新时代，形成并确立了习近平新时代中国特色社会主义思想，全面引领中国人民为实现"两个一百年"奋斗目标而不断前进。档案事业同样迎来了新时代，我们档案人要坚持把总书记新时代中国特色社会主义思想作为档案事业发展的指导思想，在新征程中发挥档案工作优势、做出档案人的最大贡献。

中国共产党人的初心和使命，就是为中国人民谋幸福，为中华民族谋复兴。具体到档案事业建设与发展上来，档案工作者的初心就是为人类文明发展留存宝贵记忆，档案工作者的使命就是为党管档、为国守史、为民服务。档案工作者的初心和使命始终贯穿整个档案事业建设与发展的全过程。我们要胸怀大局，以历史担当开创中国特色社会主义档案事业发展的新路子。

一是要旗帜鲜明讲政治。档案工作者承担着为党管档、为国守史、为民服务的职责，具有鲜明的政治属性，我们必须要把坚持党的领导作为档案事业发展的根本要求，切实增强"四个意识"，自觉维护党中央权威和集中统一领导，自觉在政治上、思想上、行动上同以

习近平同志为核心的党中央保持高度一致。我们要坚持用党的十九大精神武装头脑、指导实践、推动工作，切实把党的十九大精神转化为谋划发展的正确思路和推动工作的强大动力。

二是要准确把握创新发展。习近平总书记关于贯彻新发展理论的论述，对于档案工作同样具有重大指导意义。在新的历史条件下，档案工作如何更新思想理念、如何增强创新能力等问题，都需要我们深入研究和思考。回顾十年来的工作，我们最大的收获是创新，最大的动力也是创新，创新是永恒的主题。苏州市工商档案管理中心的成立本身就是一个成功的案例，"近现代中国苏州丝绸档案"先后入选联合国教科文组织《世界记忆亚太地区名录》和《世界记忆名录》、苏州中国丝绸档案馆成立、改制企业档案管理形成"苏州模式"等都是贯彻落实创新发展的成果。

三是要积极推动档案实践。面对党的十九大提出的新形势、新任务、新要求，我们要紧紧围绕党和国家工作大局，切实把档案工作融入"五位一体"总体布局、"四个全面"战略布局，不断加强档案服务能力建设。我们要加强档案管理安全应急机制建设，守住档案安全红线，切实履行为党管档职责；要推动苏州丝绸档案走向世界，以苏州丝绸档案申遗为契机，组织召开"世界记忆项目在中国"学术研讨会，积极推动联合国教科文组织"世界记忆项目苏州学术中心"在苏州落户，主动加快推进中国丝绸档案馆的建设，开展丝绸档案的跨界合作，继续在海内外做好丝绸档案的征集、展览，传播丝绸文化，努力承担起为国守史职责；要加强档案服务民生能力建设，重点抓好改制企业档案、退休人员档案和机关档案的接收工作，以及为群众查档服务等工作，切实发挥档案为民服务作用。

党的十九大描绘了中国特色社会主义新时代的蓝图，我们要不折不扣地学习、宣传、贯彻落实习近平新时代中国特色社会主义思想和党的十九大精神，不忘初心、牢记使命，不断开创苏州档案事业发展的新局面。

（作者：卜鉴民　原载《中国档案报》2018年5月3日）

改制企业档案管理政策制度及处置原则探讨

一、改制企业及改制企业档案

1. 改制企业

改制企业是指依法改变企业原有的资本结构、组织形式、经营管理模式或体制的企业，包括兼并、破产、关闭、停止、出售、股份制改造、股份合作制和与外商合资、合作经营等发生产权变动的形式。早期只有企业改制之说，只是专门将国有企业的产权改变称为企业改制，后经改革开放多年的实践和变化，不分企业原本产权性质，只要企业产权发生变动，就称此企业为改制企业。

2. 改制企业档案

改制企业档案是指企业改制前形成的档案及改制过程中形成的档案的总和，包括企业改制前的文书档案（党群工作类、行政管理类、生产管理类、经营管理类档案）、科技档案（产品档案、基建档案、设备档案、科研档案）、会计档案、人事档案及改制过程中形成并应归档的文件材料。

3. 改制企业档案的构成

改制企业档案的内容构成是复杂的，这是由企业类型的多样性和企业活动内容的复杂性所决定的。改制企业档案主要可以分为两部分：一是企业改制之前就存在的档案；二是企业改制过程当中形成的档案。

企业改制之前存在的档案包括文书档案、科技档案、会计档案、人事档案等。其中，文书档案包含党群工作类、行政管理类、生产管

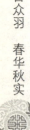

理类和经营管理类档案，科技档案包含产品档案、科研档案、基建档案和设备档案。

企业改制过程当中形成的档案包括有关机关或单位的批准文件、终止财务决算报告及编制说明、财产清理报告书、评估立项申请报告及原有资产管理部门的评估立项通知、评估结果确认申请报告和评估机构出具的评估报告及原有资产管理部门的确认批复、原有股权管理报告及原有资产管理部门的批复、资产处置请示及原有资产管理部门的批复、资产处置结果报告、协议书、合同、企业章程等。

二、现有改制企业档案管理政策制度概况

1. 国家改制企业档案管理政策制度制定情况

（1）国家的法律。《中华人民共和国档案法》第三章第十七条中提及国有企事业档案在发生资产转让时的情况："国有企业事业单位资产转让时，转让有关档案的具体办法由国家档案行政管理部门制定。档案复制件的交换、转让和出卖，按照国家规定办理。"但并没有具体关于改制企业档案管理办法的相关说明。

（2）部门办法。1998年，国家档案局、国家体改委、国家经贸委、国资局联合制发了《国有企业资产与产权变动档案处置暂行办法》，从档案处置的组织工作、档案的归属与流向、产权变动中形成的档案管理几个方面对国有企业在资产与产权变动中的档案处置行为进行了较为具体的规范，适用于国有企业兼并、破产、出售、股份制改造、股份合作制和与外商合资、合作经营，以及实行承包、租赁等其他资产与产权变动的档案处置工作。其中，在第二章档案处置的组织工作中提出"第五条 国有企业资产与产权变动档案处置工作是国有企业资产与产权变动工作的一项重要内容。应列入其议程，并同步进行。第六条 各级档案行政管理部门，会同政府综合经济管理部门和国有资产管理部门加强对国有企业资产与产权变动档案处置工作的组织协调、监督和指导。各行业主管部门协同各级档案行政管理部门做好本行业、本系统的国有企业资产与产权变动档案处置工作的组

织协调，监督和指导。企业主管部门负责国有企业资产与产权变动档案处置工作的组织管理。资产与产权变动的国有企业，按隶属关系及时报告企业主管部门和当地档案行政管理部门，申请档案处置事宜。

第七条 资产与产权变动的国有企业，成立企业档案处置工作专门组织。由企业分管档案工作领导人、清算机构有关人员、企业主管部门档案工作负责人和企业档案部门负责人组成，在企业资产清算组织或其他负责企业资产与产权变动组织的领导下，负责档案处置工作，研究处理有关重大问题"，还规定了企业档案部门负责档案处置具体工作。在第三章档案的归属与流向中，提出了国有企业资产与产权变动档案的处置原则上要根据不同档案类型分类进行，再根据其不同的资产与产权变动方式区别对待。在第四章产权变动中形成的档案的管理中，明确了国有企业资产与产权变动中形成的文件材料归档范围以及归属流向。最后，还强调了一系列相关处罚规定。

（3）档案规定。2011年，国家档案局发布第9号令《各级各类档案馆收集档案范围的规定》，将国有企业档案纳入综合档案馆收集范围，且规定综合档案馆可全部或部分接收国有企业下属单位和临时机构的档案。经协商同意，综合档案馆可以收集或代存本行政区内社会组织、集体和民营企事业单位、基层群众自治组织、家庭和个人形成的对国家和社会有利用价值的档案，也可以通过接受捐赠、购买等形式获取。各级部门档案馆收集本部门及其直属单位形成的档案，但其中履行行政管理职能的档案要按有关规定定期向综合档案馆移交。国有企业、事业单位设立的档案馆收集本单位及其所属机构形成的档案。国有企业发生破产改制、事业单位发生撤销等情况，其档案可按照有关规定由本级综合档案馆接收。

2012年，国家档案局发布第10号令《企业文件材料归档范围和档案保管期限规定》，规定了企业文件材料的归档范围以及可不归档的文件材料内容。

2. 我国部分省市改制企业档案管理政策制度制定情况

自《国有企业资产与产权变动档案处置暂行办法》颁布之后，

各省市根据当地实际情况,也陆续出台了一些地方性法规。

苏州市 2003 年制定了《苏州市国有破产企业档案处置暂行办法》,2004 年又制定了《关于进一步做好全市国有(集体)企事业单位产权制度中档案处置工作的意见》,对国有破产企业档案的概念、破产企业档案的组织与管理、档案的归属和流向、经费以及违反处罚提出了明确的规定,明确了有关部门要对改制企业单位档案进行接收,实行集中统一管理。

浙江省档案局 1997 年与浙江省计划经济委员会、国有资产管理局联合制定《国有企业改制中企业档案管理暂行办法》;1998 年,在转发国家档案局《国有企业资产与产权变动档案处置暂行办法》基础上,又将其主要内容列入《浙江省实施〈档案法〉办法》中;2001 年与浙江省经济贸易委员会联合出台并经省委办公厅和省政府办公厅转发了《关于加强全省国有改制企业档案管理工作的意见》;2004 年和浙江省工商业联合会联合印发了《关于进一步加强全省民营企业档案工作的通知》。嘉兴市档案局与嘉兴市经济体制改革委员会、嘉兴市中级人民法院、国资局联合发出了《嘉兴市国有破产企业档案处置暂行规定》,明确了档案行政管理部门参与破产清算组等 18 条规定。绍兴市档案局实施了停产歇业企业档案的登记制度,第一时间掌握国有企业停产歇业的情况,从而建立了对档案处置工作实施监管的快速机制。杭州市档案局制发了《关于加强改制与破产企业档案工作的意见》,提出了将档案处置工作纳入企业破产程序、建立档案处置事宜登记制度等 5 条要求,还派员参加市政府每月两次的改制企业情况通报会,及时了解国企改制的进展情况,实行跟踪指导。

广东省档案局 2007 年颁布了《广东省国有企业资产与产权变动档案处置工作规程》(以下简称《规程》),对国有企业档案资产与产权变动档案处置的基本流程、流向原则和范围做出了明确的规定。按照《规程》的要求,国有企业在申请资产和产权变动时,须同时提出档案处置事宜,并向有关档案行政管理部门提交档案处置申请表一式三份；国有资产产权主管部门在对国有资产与产权变动进行审批时，应同时提出档案处置的要求；档案行政管理部门应依法对国有资产与产权变动档案处置工作进行监督指导。2004年，佛山市档案局制定了《关于加强市直国有企业在资产与产权变动中档案处置工作的意见》，通过市政府批转在市属有关单位实施，有效地促进了改制企业档案处置工作向纵深发展。2006年，佛山市档案局制定了《佛山市直国有改制、退市企业文件材料整理归档工作指引》，为市国有改制、退市企业档案整理归档工作提供了明确的方法指引。2007年，佛山市档案局与佛山市国有资产监督管理委员会联合发文《关于印发佛山市属国有企业产权变动中档案处置实施细则》，该细则主要强化了改制企业档案管理的重要性和必要性，同时明确了对改制企业档案管理的责任和义务。

2007年，辽宁省档案局与辽宁省国有资产监督管理委员会联合印发了《关于加强国有企业改制及国有产权变动档案管理的通知》。一系列法律法规、规范性文件的出台使改制企业档案管理工作有章可循，为加强改制企业档案工作创造了良好的外部环境。全省14个省辖市都转发了这个文件，并与有关部门联合出台了本地区的有关规定、办法。1999年，抚顺市政府印发了《抚顺市破产改制企业档案管理办法》；2009年，抚顺市委办公厅、市政府办公厅印发了《抚顺市推进国企改革和解决已改制企业遗留问题的实施办法》；2000年，辽阳市政府印发了《关于加强全市破产出售合资合作企业档案管理的通知》；2004年，鞍山市委办公厅、市政府办公厅印发了《关于进一步加强破产改制企业档案管理的意见》；2005年，本溪市政府印发了《本溪市国有企业资产与产权变动档案处置办法》；2006年，阜新市政府印发了《阜新市国有企业资产与产权变动档案处置办法》；等等。这些办法、意见等从不同侧面对改制企业档案工作提出具体操作办法，明确改制企业档案的归属和流向、所需资金数额及来源渠道等。

三、改制企业档案管理中存在的问题

1. 改制企业档案缺乏重视，处置工作难以落实

企业改制工作千头万绪，矛盾复杂。在企业改制的实施过程中，实施改制的组织者、企业主管部门及企业本身，重点关注的是资产清算、处置和职工的安置等与经济效益息息相关的问题，不愿意花费人力、财力对短期来看似乎没有什么价值的档案进行整理和处置，以致档案处置工作未按照国家的要求列入企业破产清算内容之中，没有及时通知档案行政管理部门参与档案处置工作，经费得不到保障，档案保管条件恶劣，负责档案管理的人员严重不足，档案安全得不到有效的保障，甚至出现企业档案被作为废纸卖掉或被盗卖等严重问题，许多档案在企业破产过程中流失。

2. 改制企业档案缺乏有力的政策制度，约束不力

在已有的制度政策当中没有明确档案部门的地位和基础工作的内容。依据《破产法》的相关规定，企业破产由人民法院管辖，而人民法院与档案行政管理部门缺乏沟通。《破产法》也没有将档案的善后处理工作纳入企业破产程序之中。各级档案行政管理部门因无法可依而被排除在破产程序之外，不能进行有效的监督和管理，档案处置工作滞后于其他改制工作，改制企业档案的完整性、安全性得不到保障。

对于已有的档案处置制度政策保证措施不完善，导致政策约束不力。企业改制后原有主管部门撤销，政府对企业的约束减少，档案部门对企业档案工作的指导难度增大。对档案部门提出的意见，企业不一定听取，档案部门对于企业违反规定的部分也没有严令查处，使得有法不依的情况频频发生。

3. 现有档案机构保管条件有限，接收改制企业档案困难

一是存储容量的限制。虽然各地近年来都在新建综合档案馆，但破产企业档案数量非常庞大，如要全部接收进馆，档案馆还是显得力不从心。二是经费的限制。综合档案馆行政经费极其有限，即使改制企业缴纳了相关的档案处置费,但往往并不能实际用于改善档案馆保管环境,档案馆无法承担改制企业档案处置费用。三是开发利用受人手、精力和专业性的限制。一些有价值的改制企业档案信息资源往往得不到有效及时的开发利用,无法发挥更大的效用。四是企业对移交档案存有顾虑。一方面,企业认为档案直接放在本单位更为方便;另一方面,实施改制的组织者、企业主管部门及企业本身对改制档案工作的重视程度较低,更看重短期经济效益,不听取档案行政管理部门的指导意见,对于一些不直接与经济利益相关的档案不愿意花费人力、财力进行整理,只愿意直接移交。

4. 非公有改制企业档案缺乏管理

随着市场经济体制改革的不断深化,企业改制和产权变动中的档案处置问题日益突出。从调查情况来看,目前档案行政管理部门主要把精力集中在处置国有集体改制企业档案,而现有的制度政策中缺少对这部分档案管理的具体说明,大多一句带过或根本无所提及。绝大多数综合档案馆没有把非公有改制企业的档案接收进馆。大量不进行破产清算程序的非公有企业,由于未与档案部门建立联系,也没有主管单位,破产后档案的去向完全由企业负责人个人意志决定;一些进入破产清算程序的非公有企业,也只是由法院将涉及清算案件的部分会计档案放入诉讼案卷内,其他文件材料则无人问津。

非公有制企业档案管理状况与企业的迅速发展不相适应。我国现有的企业档案管理模式在现代非公有制企业中呈现出众多的不适应性,大批企业档案未得到妥善保管,这对于我国企业文化的传承是十分不利的。事实上,非公有改制企业档案具有重要的现实作用和历史价值,应该得以妥善保存。非公有制企业档案管理工作要引起应有的重视,需要导入新的档案管理理念,构建合理的管理模式。

5. 档案资源管理不善,利用不便

一方面,改制企业档案资源管理不善。由于企业处于改制状态,档案管理人员多是兼职,调动频繁,企业档案分类混乱、整理不够规范、目录编制不全等现象较为普遍。企业职工档案当中的用工手续和

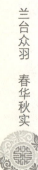

劳动合同书等原始材料遗漏、损坏、丢失现象也较为普遍，一定程度上给企业职工办理社保、退休带来不便。各级综合档案馆对接收进馆的改制企业档案进行管理的设备较落后，大部分档案没有鉴定保管期限，数字化程度不高，甚至没有编制必要的检索工具，只能手动逐卷逐页查。在面对大量的企业会计档案（主要是工资单）时，查找利用需要耗费大量人力。

另一方面，不少档案馆对于改制企业档案资源的管理不够完善，导致其利用不便，使得一些不了解档案馆情况的普通民众在查找利用这些档案时需要花费过多的时间与精力。

四、改制企业档案处置原则

1. 改制企业档案处置安全性原则

为规范改制企业在资产与产权变动中的档案处置行为，防止国有资产和档案的流失，在改制企业档案处置过程中应以安全性为首要原则。

一方面，应保证改制企业档案实体的安全，改善保管条件，加强保护措施，防止档案散失、损毁等情况发生；另一方面，应保证改制企业档案信息的安全，注意维护国家安全和国家利益，保守国家机密，保护企业商业机密和个人隐私，维护国家和人民的安全，维护档案的安全。

2. 改制企业档案处置合法性原则

在维护档案资料的安全，保守国家机密、企业商业秘密、个人隐私，防止档案流失的前提下，改制企业档案的处置应以合法性为基本原则。相关部门应严格贯彻执行国家有关档案工作的法律法规，依法治档，根据《中华人民共和国档案法》《国有企业资产与产权变动档案处置暂行办法》等法律法规对改制企业档案处置的机构、组织、人员、档案的价值评估以及改制企业档案的最终归属等做出规定，保证改制企业档案处置合法进行。

3. 改制企业档案处置合理性原则

改制企业档案处置应以合理性为重要原则。针对不同企业不同类型的改制企业档案，应依据实际，区分不同情况和问题进行调整，明确归属与流向，确保流向的合理性，并明确处置、接收、寄存的一系列流程，使改制企业档案处置合理。

4. 改制企业档案处置连续性原则

改制企业档案的处置要有利于企业保持经营管理的连续性。改制企业档案的利用是改制企业档案管理的出发点，是改制企业档案工作的最终目的。保持改制企业经营管理的连续性是改制企业档案处置的关键性原则，是改制企业发展本身对改制企业档案管理工作的现实要求。

5. 改制企业档案处置利益最大化原则

改制企业档案的处置应维护国家和广大人民群众利益，使改制企业档案资源产生的利益最大化。改制企业档案处置中应最大限度地发挥档案资源的价值，发挥档案的凭证参考作用，使改制企业档案继续服务经济、服务企业、服务社会，避免改制企业档案变为"死档案"。

6. 维护国家安全和社会利益原则

改制企业档案的处置应保卫我国人民民主专政的政权和社会主义制度，保障改革开放和社会主义现代化建设的顺利进行。建立健全改制企业档案处置工作的相关制度、协调机制、应急保障体系，是改制企业档案处置的根本任务。

纵观我国经济体制改革的历程，产权制度改革曾经是最难逾越的一道坎，然而全国各地打破了改革的三尺坚冰，对国有（集体）企事业单位进行了轰轰烈烈的改革。本文旨在探讨我国改制企业档案管理的现状和存在的问题，为保护和利用好我国宝贵的改制企业档案资源提出应遵循的原则。

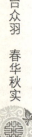

参考文献

[1] 卜鉴民. 企业档案管理史上的一个创举——对苏州市建立改制企业档案资源管理中心的思考 [J]. 中国档案, 2006 (8): 54-56.

[2] 卜鉴民. 以开放式创新理念完善和发展改制企业档案管理的"工投模式" [J]. 档案与建设, 2006 (10): 47-49.

[3] 卜鉴民. 改制企业档案资源集约化管理之路 [J]. 档案与建设, 2007 (10): 43-45.

[4] 卜鉴民. 改制企业档案资源整合问题研究 [J]. 档案管理, 2008 (2): 55-56.

[5] 卜鉴民. 从"工投模式"到"苏州模式"的现实意义——对苏州市建立改制企业档案资源管理中心的再思考 [J]. 档案学研究, 2008 (4): 38-41.

[6] 卜鉴民. 改制企业档案资源管理"苏州模式"的破题与创新 [J]. 广州档案, 2009 (6): 18-21.

[7] 肖芃, 虞平健, 卜鉴民. 苏州改制企业档案管理模式的探索与实践 [J]. 档案与建设, 2011 (10): 59-60.

[8] 朱亚鹏, 卜鉴民. 对现行会计档案保管期限问题的探讨 [J]. 档案与建设, 2008 (7): 53-54.

[9] 朱亚鹏, 卜鉴民. 国有集体改制企业会计档案价值鉴定问题思考 [J]. 档案与建设, 2013 (1): 66-67.

(作者：卜鉴民 刘迁 朱亚鹏 原载《档案与建设》2018年第3期)

改制企业档案处置研究

近年来，随着我国社会主义市场经济和企业产权制度改革进程不断向纵深发展，改制企业档案的处置问题日益突出。改制企业档案记录了改制企业的发展历程，既是维护职工合法权益的重要依据，也是研究地方民族工业企业发展的基础素材，承担着保存社会记忆、传承工业文明的重要使命。基于此，如何对改制企业档案进行合理处置，成为档案行政管理部门、国有资产管理部门和企业及其主管部门需要共同思考的问题。

一、处置原则

改制企业档案是指在产权制度改革大背景下，原有公有制企业或非公有制企业在改制之前应由国家所拥有的档案和改制过程中形成的应由国家所拥有的档案的总和。改制企业档案处置时应遵循安全性、合法性、合理性、连续性、利益最大化、维护国家安全和社会利益等六大原则。

第一，改制企业档案处置应以安全性为首要原则。一方面，应保证改制企业档案实体的安全，改善保管条件，加强保护措施，防止档案散失、损毁等情况发生；另一方面，应保证改制企业档案信息的安全，注意维护国家安全和国家利益，保守国家机密，保护企业商业机密和个人隐私。

第二，改制企业档案处置应以合法性为基本原则。应按照《中华人民共和国档案法》《国有企业资产与产权变动档案处置暂行办法》等法律法规，对改制企业档案处置的机构、组织、人员等做出规定，保证改制企业档案处置工作合法进行。

第三，改制企业档案处置应以合理性为重要原则。针对不同企业不同类型的改制企业档案，应依据实际情况进行调整，明确档案的归属与流向等问题，确保改制企业档案处置工作的合理性。

第四，改制企业档案处置应以保持企业经营管理的连续性为关键原则。改制企业档案利用是改制企业档案处置的最终目的，因此必须保证改制企业档案处置工作有利于保持企业经营管理的连续性。

第五，改制企业档案处置应坚持利益最大化原则，最大限度地发挥档案凭证参考的作用，使改制企业档案继续服务经济社会发展，避免改制企业档案变为"死档案"。

第六，改制企业档案处置应坚持维护国家安全和社会利益，保障改革开放和社会主义现代化建设的顺利进行。

二、处置依据

企业档案记录了企业的发展，是在企业发展运营过程中直接形成的原始记录。档案作为记录、存储和传递知识信息的物质载体，是一个有形的实体，它是知识信息通过物质外壳而显现出来的客观存在。民法上所说的"物"是指存在于人身之外，既能满足人们的社会需要，又能为人所支配的物质产品。由此可见，档案的性质和民法上所说的"物"的性质是一致的，所以档案属于民法上所说的"物"。

1. 公有制改制企业

在我国，公有制企业的财产所有权归属是明确的。《中华人民共和国企业国有资产法》第三条规定："国有资产属于国家所有即全民所有。国务院代表国家行使国有资产所有权。"所有权是物权的一种，《中华人民共和国物权法》第三十九条规定："所有权人对自己的不动产或者动产，依法享有占有、使用、收益和处分的权利。"而《中华人民共和国档案法》提出了档案所有权这一重大理论与现实问题。因此，公有制改制企业对本单位档案的所有权也是民事权利的一种，受宪法、民法和档案法等法律法规的保护。《中华人民共和国宪法》第十二条规定:"国家保护社会主义的公共财产。禁止任何组织或者个人用任何手段侵占或者破坏国家的和集体的财产。"《中华人民共和国民法通则》第七十一条规定:"财产所有权是指所有人依法对自己的财产享有占有、使用、收益和处分的权利。"综上所述,对公有制企业档案的处置算是有法可依的。

2. 非公有制改制企业

按照《中华人民共和国民法通则》和《中华人民共和国物权法》的有关规定,国家以外的物权和所有权的权利主体为集体、个人,还包括由集体和个人依法出资设立的有限责任公司、股份有限公司或者其他企业等。就非公有制企业而言,档案是企业对其财产归属的静态确认和对财产实体的静态占有,而且在市场经济高度发达的时期,这一法律意义上的产权概念已经日益深化,其含义比原来宽泛得多,非公有制企业也随之形成了对企业档案财产实体的动态经营和档案财产价值的动态实现。可以说,非公有制企业作为法定主体,对其档案财产享有充分、完全的产权。档案行政管理部门作为《中华人民共和国档案法》明确指定的档案监管机构,是政府参与改制企业档案处置过程、监管改制企业档案流向、服务改制企业档案工作的重要窗口。然而,非公有制改制企业档案数量庞大,并非都需要国家予以监管。根据《中华人民共和国档案法》第二条对档案的定义,档案是指"过去和现在的国家机构、社会组织以及个人从事政治、军事、经济、科学、技术、文化、宗教等活动直接形成的对国家和社会有保存价值的各种文字、图表、声像等不同形式的历史记录"。基于此,笔者认为国家应对对国家和社会都具有重大意义的非公有制改制企业档案加以监管。档案行政管理部门能对非公有制改制企业的这部分档案行使监管权,主要是基于公共利益和私人利益的平衡。

三、归属与流向

改制企业档案的内容构成是复杂多样的,这是由企业类型的多样性和企业活动内容的复杂性所决定的。改制企业档案主要分为两个部分：一是企业改制之前就存在的档案；二是企业改制过程中形成的档案。企业改制之前存在的档案包括文书档案、科技档案、会计档案、人事档案等。企业改制过程中形成的档案包括有关机关或单位的批准文件、终止财务决算报告及编制说明、财产清理报告书、评估立项申请报告及国有资产管理部门的评估立项通知、评估结果确认申请报告和评估机构出具的评估报告及国有资产管理部门的确认批复、国有股权管理报告及国有资产管理部门的批复、资产处置请示及国有资产管理部门的批复、资产处置结果报告、协议书、合同、企业章程等。

1. 公有制改制企业

公有制企业在兼并、破产、关闭、停止、出售、股份制改造、股份合作制和与外商合资、合作经营等改制过程中形成的档案，原则上应分类进行处置，其归属与流向如表1所示。

表1　公有制改制企业档案归属表

改制形式	档案类别	归属与流向
公有制企业破产、关闭、停止	全部档案	国有档案机构
公有制企业被非公有制企业兼并	文书档案	国有档案机构
	涉及知识产权、国家秘密及安全的产品档案	国家档案馆
	涉及知识产权、国家秘密及安全的科研档案	国家档案馆
	无去向人事档案（含已故人员）	国有档案机构
国有参股企业	文书档案	国有档案机构
	涉及知识产权、国家秘密及安全的产品档案	国家档案馆
	无去向人事档案（含已故人员）	国有档案机构

2. 非公有制改制企业

非公有制企业在兼并、破产、关闭、停止、出售、股份制改造、股份合作制和与外商合资、合作经营等改制过程中形成的档案，原则上应分类进行处置，其归属与流向如表2所示。

表2 非公有制改制企业档案归属表

改制形式	档案类别	归属与流向
非公有制企业破产、关闭、停止	行业龙头、知名企业的文书档案	国有档案机构
	其他企业的文书档案	国有档案机构
		档案社会保管服务机构
	著名、优质、特色产品的产品档案	国有档案机构
	涉及国家秘密及安全的产品档案	国家档案馆
	其他产品档案	国有档案机构
		档案社会保管服务机构
	获省部级以上奖励的科研档案	国有档案机构
	涉及国家秘密及安全的科研档案	国家档案馆
	其他科研档案	自行处置
	与职工利益有关的会计凭证、年度财务报表	国有档案机构
	其他会计档案	自行处置
	全部职工人事档案	国有档案机构
非公有制企业之间兼并或出售；非公有制企业与外商、外资合作	涉及国家秘密及安全的档案	国家档案馆
	其他档案	自行处置
非公有制企业被公有制企业兼并	涉及国家秘密及安全的档案	国家档案馆
	会计档案与人事档案	国有档案机构
	其他档案	自行处置
非公有制企业改组为股份制或股份合作制企业	全部档案	自行处置

因为非公有制改制企业档案数量庞大，并非都需要国家予以监

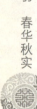

管，所以非公有制企业改制档案中仍流向非公有制企业的部分，原则上应由企业配备相应的档案管理部门和人员进行管理。但是，如果受企业人力、物力、财力等各方面条件的限制，可能导致档案不安全或损毁的，可交由档案社会保管服务机构代为管理。

改制企业档案处置过程中应严格按照安全性原则，保护国家安全和企业安全。非公有制改制企业档案中涉及国家秘密、企业商业机密的，应在当地国家保密机关、档案行政管理部门的监督和指导下协商决定如何处置。向国家档案馆以外的任何单位或个人出卖、转让或者赠送非公有制改制企业所有的对国家和社会有重大意义的档案，须报当地档案行政管理部门批准。携带、运输、邮寄对国家和社会有重大意义或者涉及国家秘密的档案及其复制件出国，须经省级以上档案行政管理部门审核批准。严禁向外国人和外国组织出卖或者赠送档案。此外，非公有制改制企业所有的对国家和社会有重大意义的档案，在提供利用和向社会公布时，应当遵守国家有关保密规定，不得损害国家、社会和其他组织的利益，不得侵犯他人的合法权益。

四、工作流程

改制企业档案处置工作是企业改制工作的一项重要内容，应列入其工作职责和程序中，并确保与企业改制工作同步进行。

1. 准备环节

各改制企业在决定改制的同时，必须报企业主管部门和当地档案行政管理部门备案，办理登记手续，申请档案处置事宜。各改制企业应成立企业档案处置工作领导小组，领导小组由改制机构负责人、企业主管部门档案工作的负责人、改制企业分管档案工作负责人、企业主要业务部门负责人和企业档案部门负责人组成。领导小组在驻企业改制联络组、清算组的领导下负责档案处置工作，研究处理有关重大问题，主持鉴定档案的留存与销毁。各改制企业应切实执行改制企业档案处置申报制度，将企业档案的归属、流向及所需费用报当地档案行政管理部门备案。当地档案行政管理部门依法对改制企业的档案处置工作实行监督指导，并对其中的违法案件进行查处。

2. 实施环节

改制企业档案处置实施环节具体事项包括以下4个部分：

第一，收集、整理、统计和保管企业在各项活动中形成的全部档案。

第二，按照有关规定做好档案留存与销毁的鉴定工作。鉴定工作应由企业档案处置工作领导小组主持，对档案进行直接鉴定。对拟销毁的档案造具清册，经企业领导人和企业资产清算机构负责人审核、企业主管部门批准，并向所在地同级档案行政管理部门备案后，方可销毁。销毁档案须2人以上监督并在销毁清册上签字，销毁清册永久保存。

第三，按照档案的去向分别编制移交和寄存档案的目录。档案移交或寄存的目录由交接方和企业档案处置工作领导小组负责人签字。交接方、企业主管部门和当地档案行政管理部门各保存一套档案移交或寄存的目录。

第四，做好企业改制过程中形成的文件材料的收集、整理、归档和移交工作。

3. 验收环节

改制企业档案的处置工作必须通过当地档案行政管理部门验收。处置工作结束前，改制企业档案库房、设备、装具及必要的办公用具等不得挪作他用。各地区要集中统一保管本区域的对国家和社会有重大意义的改制企业档案。企业改制过程中，档案的整理、鉴定、移交、寄存等工作所需费用应由原企业或接收单位支付，破产企业从破产费用中支付。需要向所在地国有档案机构或档案社会保管服务机构寄存档案的，所需费用由原企业支付，破产企业用破产费用支付。

总之，改制企业档案既是企业资产的重要组成部分，也是国有资产的重要组成部分，更是一个地区或地方近现代工业历史发展阶段的真实写照和社会生活变迁的见证。改制企业档案的处置，不仅关系到改制企业的利益和积极性，更重要的是关系到国家的利益、秘密和安全。对改制企业档案的处置，应以维护国家安全和社会利益为根本原则，坚持安全、合法、合理、连续、利益最大化等原则，明确归属与流向，统筹安排，确保国有档案资源得到妥善留存，继续为社会经济发展服务。

（作者：朱亚鹏　陈鑫　原载《中国档案》2019年第2期）

关于推进基层档案建设的思考

基层单位在管理或经营活动中形成的具有保存价值的信息材料，是基层单位发展历程的真实记录和重要凭证。因此，档案管理工作是基层单位的一项重要的基础性工作。近年来，一些单位由于疏于对档案信息资源的管理，档案收集、整理、归档、保管、利用等工作不到位，致使所存档案不能客观全面地反映单位适应经济社会发展的情况，未能在领导决策以及单位业务建设与各项管理工作中发挥应有作用，影响了单位的健康持续发展。因此，加强基层单位档案建设势在必行，必须引起单位自身以及各级档案行政管理部门的高度重视。笔者现结合自身工作实践，就加强基层单位档案工作的重要性以及在开展档案工作中遇到的问题，谈些体会与粗浅认识，以期引起各有关方面的切实重视，努力提升基层档案管理工作水平。

一、苏州市工商档案管理中心档案利用的启示

近几年，苏州市工商档案管理中心的查档窗口接待量逐年增加，特别是企业档案的利用率越来越高。这一方面说明社会的档案意识不断提升，另一方面也体现了基层档案的价值与作用。表1是苏州市工商档案管理中心企业档案近些年的利用情况。

表1　2008—2015年苏州市工商档案管理中心企业档案利用情况统计表

单位：人

年份	查询、借阅总人数	衔接工龄人数	特殊工种人数	补个人档案（退休）人数	核定工龄人数	工作查考人数
2008	865	479	83	124	28	151
2009	1 123	343	134	434	67	145
2010	923	212	84	481	63	83
2011	764	154	116	433	9	52
2012	1 160	109	115	788	10	138
2013	1 344	123	103	920	26	172
2014	1 380	186	149	826	14	205
2015	1 070	128	118	696	54	74

从表中不难看出，2008—2015年查档人数总体呈增长趋势。这些档案在助推企业发展与解决民生问题、维护社会和谐方面发挥了不可替代的重要作用。当然，这主要得益于苏州市工商档案管理中心及时抢救性保护了这些不可再生的宝贵企业档案资源。由此我们也不难想象，如果各基层单位对档案工作不加以重视，档案收集不齐全、不完整，档案管理不科学规范，那么企业发展的基础就不牢靠，进而使得档案馆的档案资源建设失去源头活水，人民群众的合法权益就得不到很好保护。例如特殊工种人员的待遇问题，要求在有毒有害岗位至少工作满8年，工作时间的推算甚至精确到月，如果反映这些特定人群的档案材料收集不齐全，特别是一些关键性材料残缺的话，其结果就是档案工作的缺失直接影响到这些为企业、为国家建设做出牺牲与贡献的人员的切身利益。因此，各基层单位，包括档案行政管理部门在内的各级相关部门，要深刻认识加强基层档案建设对于经济社会发展与民生建设的重要意义，切实做好档案的完整收集、科学管理和充分利用。

二、基层档案收集管理工作存在的主要问题

1. 档案人员配置不到位，人员素质有待提高

基层单位兼职档案人员居多，且大多没有专业基础，未经过系统的专业知识培训，业务素质亟待提高。实际工作中，不少档案员兼管办公室收发文等工作，往往会在这类工作上花费较多的时间和精力，对于档案管理工作则是疲于应付，更不用说花时间和精力在提高档案业务素质上了。

2. 认识不到位，未将档案工作放在应有位置

基层单位工作头绪多，对运行成本精打细算，更多地注重实际经济效益，因而不能直接产生经济效益的档案部门往往最容易被忽视。领导层面对档案工作财力、物力投入不足。虽然有的单位将档案工作列入年度工作计划，也安排专人负责，但真正能把档案工作作为单位长效工作来抓的则少之又少。对于档案员来说，领导对档案工作不够重视，自身的经济、政治待遇等得不到提高，也直接影响到其思想认识，认为基层档案工作可有可无、作用不大，无心于将档案工作做到尽善尽美，由此也引发了档案人员的频繁变动。队伍的不稳定极大地影响了基层单位档案工作的科学有序开展。

3. 投入不够，档案规范化管理水平不高

档案的规范管理以具备基础条件为前提，需要一定的投入。不少基层单位由于投入不够，档案的保管条件差，除湿机、灭火器、空调等设备老旧，库房温湿度没有控制在规定范围内，离档案保管"十防"要求相差甚远，有些档案室还堆放了办公杂物，档案安全得不到应有保障。加之业务监管不到位，档号不规范、案卷标题不规范、归档章页数与实际页数不符等现象屡见不鲜，混乱不堪的组卷给后期档案的有效利用造成了极大的负面影响。

三、推进基层档案建设的思考

1. 加大档案宣传力度，提高重视程度

对于习惯于默默无闻、埋头苦干的基层档案部门和档案人员而言，增强主动宣传档案工作的意识尤为重要。只有加大宣传力度，展示档案与档案工作的价值和作用，才能使社会各界更好地了解档案、认识档案、重视档案，也才能引起领导的重视与关注。以苏州市为例，每年开展的"6·9国际档案日""苏州档案日"活动，以及开设的网站、微信公众号等新型宣传媒介，就是档案部门与时俱进加强自我宣传的良好平台，拉近了档案部门与人民群众的距离，有效提升了社会关注度。

2. 增强主动服务意识，充分发挥档案资源作用

基层单位的档案管理部门要充分认识到档案资源对于一个单位的重要意义，真正发挥档案在推进单位科学管理中不可替代的作用。对于基层单位而言，档案工作上看门守摊者居多数、人少事杂、疲于应付固然是客观因素，而主观能动性缺乏、积极作为意识不强也是重要原因。为此，基层档案人员不应妄自菲薄，而要扬长避短，充分发挥所管理大量档案信息资源之优势，释放出档案资源的能量，有所作为方能赢得地位。苏州丝绸档案是苏州市工商档案管理中心的镇馆之宝，已入选《世界记忆亚太地区名录》，馆内档案人员充分认识到这些档案的重要价值，采用馆企合作的模式，成功开发出适应市场需求的丝绸新产品，让"沉睡"的丝绸档案焕发出了新的生命活力。

3. 提升队伍素质，加快推进基层档案工作步伐

事业的发展关键在人，基层单位档案工作的推进需要一支稳定且具有一定素质的人员队伍。档案工作具有较强的专业性，只有经过系统的业务培训，才能承担起对档案的管理职责。因此，基层档案人员要增强使命意识，主动学习，刻苦钻研，不断提高业务能力，切实履行好岗位职责。各基层单位领导要切实重视档案队伍建设，加大投入，鼓励档案人员参加岗位培训等各类业务学习，并积极创造条件，采取"走出去""请进来"的方式,让档案人员更好地开阔视野、吸收先进经验。同时,各级档案行政管理部门也应增强主动服务意识,加大对基层单位档案工作的指导与监管力度,特别是要做好培训服务,推行持证上岗制度。

档案事业功在当代,利在千秋。基层档案工作烦琐而冗杂,需要投入大量的人力、物力和财力,也面临着诸多困难。然而我们必须深刻认识到,做好档案工作,是对历史负责、为未来着想的需要,是基层单位各项事业可持续发展的需要。因此,各有关方面应形成合力,多措并举,切实加快推进基层档案工作,充分发挥档案信息资源在经济社会发展中的重要作用。

(作者:施玉燕　原载《档案与建设》2017年第6期)

机关档案数字化建设标准研究

——以苏州市机关文档中心为例

机关档案是机关行政单位从事管理活动过程中形成的原始记录。机关档案室所收集和保存的档案,对本单位工作具有查考利用价值,也是社会的宝贵财富。因此,科学有效地管理机关档案至关重要,也是苏州市建立专门的文档中心管理机关档案的主要原因之一。

苏州市机关文档管理中心自成立以来,一直将档案工作的重心放在机关档案整理和数字化工作上。在实体档案整理方面,苏州的市级机关基础一向不错,但档案数字化仍存在不少问题,而这些问题恰恰反映出目前机关档案数字化建设中容易忽略的一些重要标准。

一、文书档案数字化过程中应遵循的标准

机关档案的一个显著特点就是文书类档案占比最高,也最受重视,所以文书档案的原文数字化也理应最规范。

首先应当做到100%的原文数字化。这既是档案信息化发展的必然趋势,也为今后的查找、利用打下了坚实的基础。根据《苏州市档案馆档案接收进馆标准》《苏州市纸质档案数字化加工标准》规定:全宗内所有进馆档案及目录要进行数字化加工,在移交纸质档案时,必须同时移交相应的电子档案数据光盘。也就是说,原则上,所有文件都必须建立全文数据库,而从需要向苏州市机关文档中心移交的首批26家机关单位来看,文书档案做到100%原文数字化的单位几乎没有。只扫描正文而忽略附件、页数较长的合订本或出版物索性没有电子原文、任意将公开性文件划入涉密敏感性文件范畴等,这些

情况使得机关档案在传统管理模式中固步不前，无法紧跟信息化建设的步伐。

其次是电子档案应当具备完整性这一特点。《数字档案室建设指南》（2014年）中明确规定：电子公文的组件——正本、定稿、公文处理单、集中记录修改过程的彩色留痕稿以及确有必要保存的重要修改稿等齐全、完整；红头、电子印章齐全、完整；文件标题、文号、主送机关、正文、发文机关署名和成文日期6个要素齐全、完整。这一标准最核心的部分可归纳总结为：彩色扫描、有归档章和公章、保留所有原始痕迹。然而在接收检查中常常发现，整理规范的文书档案却只有公文正本的电子原文，拟稿纸、定稿和批办单则随意遗漏、缺失，或是扫描件电子印章缺失，这些都使电子档案的完整性遭到了破坏。

再次是著录符合标准。《数字档案室建设指南》（2014年）中提到：元数据至少应包括聚合层次、来源、立档单位名称、电子文件号、档号、年度、保管期限、内容描述、题名、日期、密级、存储位置、权限管理等20项。简单来说，就是在著录电子目录时各个必要字段都要填写完整。但大多数机关档案员在著录时只根据档案软件的要求填入必填项，其余字段则按习惯随意取舍。以文书档案的"题名"为例，只录入"通知""批办单"等内容，日后显然是无法准确查找的，这一件档案极有可能再也无法被找到，从此淹没在数据海洋之中。另外，"文件起止日期"在《档案著录规则》中也有规定：以一组文件、一卷、一组案卷为对象著录一个条目时，著录其中最早和最迟形成的文件的时间。在苏州市机关文档管理中心接收检查中也多次发现日期和时间著录不规范的现象，如将完整日期中的月或日省略、随意填写起止日期或干脆空白，这些都会影响档案著录的规范、造成查询的失败。

最后是电子文件格式统一。苏州的机关档案数字化实际起步较早，这和苏州市级机关较早引入办公自动化（Office Automation，OA）系统有关。OA系统的起源阶段是20世纪80年代中期到90年代中期。这一阶段的 OA 系统以个人电脑、办公套件为标志，实现了文档写作电子化，即将办公信息载体从原始纸介质方式转向电子方式。而 OA 系统的真正发展是从 20 世纪 90 年代中期开始的，以网络技术和协同工作技术为主要特征，实现了工作流程自动化，即将收发文从传统的手工方式转向电子方式。这一发展历程从各机关档案的电子文件格式便可窥见一斑：20 世纪 90 年代初以前没有 OA 系统，尚未配备扫描仪等办公设备，因此当时未建立全文数据库，电子原文都是后期在本单位或进馆后重新扫描的 PDF 文件；20 世纪 90 年代中后期开始的十来年间，因电子公文流转开始普及，将 OA 流转文件作为电子原文使用变得十分常见；到了近些年，因为扫描设备的普及和电子文件格式的规范，扫描 PDF 等版式文件的比例又开始上升，但仍然有一些档案员为了贪图省事把 WORD、EXCEL 等格式或扫描的原始图片文件直接挂接，甚至出现了一些例如 HTML、RAR 等不规范格式。

实际上，有关电子文件格式的标准规定得十分明确，《数字档案室建设指南》（2014 年）规定：电子公文的正本、定稿、公文处理单应以 OFD、PDF、PDF/A 等版式文档格式归档保存，版式文档格式应符合《版式电子文件长期保存格式需求》（DA/T 47—2009），并支持向同级国家综合档案馆采用的长期保存格式转换；集中记录修改过程的彩色留痕稿以及确有必要保存的重要修改稿可以 WPS、RTF、DOC 等同级国家综合档案馆认可的格式归档保存。《纸质档案数字化技术规范》（DA/T 31—2005）规定：对大幅面档案进行分区扫描形成的多幅图像，应进行拼接处理，合并为一个完整的图像，以保证档案数字化图像的整体性。总结一下就是两点：一是彩色扫描的图像，应拼接成 PDF 文件。二是有电子公章彩色留痕的 WPS、RTF、DOC 等电子文件方能作为原文挂接。

二、使用统一、可共享的平台进行数据管理

对于机关档案的数据管理平台，《苏州市数字化档案室考核标准

(试行)》在档案数据库建设部分一开始便规定：安装符合《档案管理软件功能规范要求》的网络版档案管理软件，系统实现收集、整理、检索、编目、统计、借阅利用等功能。目前苏州的市级机关在线运行的档案管理软件共有两套——单机版和网络版。对照《档案管理软件功能规范要求》对档案管理软件"具备数据管理、整理编目、检索查询、安全保密、系统维护等基本功能；开发研制与功能设计必须符合国家有关档案工作和计算机信息系统管理的法律法规和业务技术标准；具有严格的安全保密机制；具有良好的实用性、兼容性及可扩展性，并做到界面友好，用语规范，操作简单，使用方便；具备较强的数据独立性，确保在软、硬件环境发生变化时数据的完整、安全迁移及有效利用；配有完备的安装与使用技术资料"的基本要求不难发现，这两套软件各有优劣，但都不尽如人意。档案数字化的基本原则是使档案信息资源准确、方便、快捷地提供利用，使可以公开的档案信息资源得到共享，以满足社会对档案利用的需求。就这一点来说，仅在某一家单位内部建立数字化网络是不够的。

为了能将所有的机关档案数据纳入一套统一、高效、可共享的平台进行管理，苏州市机关文档管理平台于2015年8月正式上线。这套综合管理系统把各机关单位的档案数据集中到同一后台，应用网络管理的形式，提供各类档案的著录、检索、利用和统计等功能；系统安全性方面提供了多重身份认证、用户权限分类管理等手段；数据安全方面则提供了数据备份和应急恢复等多种方法。尽管这一系统还在完善当中，但这类既兼顾了目前的档案管理模式，又在确保数据独立、安全的前提下考虑了未来档案信息远程查询应用发展需求的数据平台势必是今后机关文档管理的大方向。

三、其他门类档案皆纳入数字化管理范畴

特殊载体档案、专门（业务）档案是机关档案的软肋，一部分单位收集都尚且不全，何谈数字化管理？一部分单位只做到了初步整理，认为全文数字化的要求仅限于文书，对业务档案和其他门类档案

则置之不理。文书档案是机关档案室的重头戏,但照片、实物档案也能真实地反映该单位的文化、历史,而许多业务部门的业务档案更是与整个地区国计民生息息相关的珍贵记录,不仅能服务民生,更能为国家各项数据统计提供参考。《数字档案室建设指南》(2014年)中对声像类档案、科技专业类档案的电子档案质量提出了要求,而苏州市印发的档案移交接收标准中的规定则更为详细,更具可操作性:专业(业务)档案、科技档案、照片档案、实物档案必须建立全文数据库,扫描文件与文件原文内容一致、不遗漏、不错位;照片档案须链接原始电子文件,如无,可扫描照片实体,彩色扫描,分辨率小于1 200dpi,jpg格式;实物档案链接拍摄的原始照片,1 000万像素以上,jpg格式;光盘档案链接盘内所刻电子文件,以防无法读取。

机关的档案数字化工作尽管起步并不晚,但相对于其他一些技术、设备、理念都更为先进的组织,发展已然有些滞后。各类针对档案数字化的标准并不少,这些标准虽然有的面对宏观把控,有的面对细节指导,有的对总体建设提出要求,有的对分类操作进行处理,但规定得都非常详尽明确,且相互之间都可借鉴参考。如果能够严格按照这些标准执行,机关档案数字化建设工作将会得到进一步推动。

(作者:董文弢　原载《中国档案》2017年第11期)

苏州市市级机关档案管理工作的新实践

规范机关单位档案的管理，提高档案的利用效率，是机关档案工作的立足点，也是机关管理工作的内在需求。为了适应这一时代的发展趋势，苏州在市级政务集中办公地点专门设立苏州市市级机关文档管理中心（简称"机关文档中心"），集中管理市级机关纸质档案、特殊载体档案、档案信息数据等。市级机关档案集中管理工作为政府在节约管理成本上发挥了重要作用，同时也发挥了机关档案集中管理的集约效应。

苏州市市级机关文档管理中心已成立三年，取得了实际成效，从最初的工作人员提前介入各单位做档案进馆前指导，对各门类档案进行进馆前抽查，努力理顺各移交单位档案的现状，到现在各单位已能井然有序地移交符合进馆要求的档案。截至2018年年底，已有20家机关单位档案进驻机关文档中心。

一、机关档案工作中存在的主要问题

1. 部分机关档案管理不规范

有些机关单位处室比较多，档案数量也较多，为了本部门工作人员利用档案数据资料的便利，长期地将应归档的文件材料留置在本部门，没有按照要求及时进行统一的归档整理。这给档案人员以后收集档案带来不利影响，很可能造成档案收集不齐全、不完善，同时也造成了档案安全管理的隐患。

2. 已整理归档的档案不符合机关档案移交进馆质量要求

在对移交的机关档案进行检查清点的过程中，笔者发现机关档案存在着不规范、不符合档案整理基本要求的情况。比较突出的问题有以下几个方面：一是文书档案的实际页数和归档章上的页数以及电子目录中的页数三者不一致。二是归档章上的内容被随意涂改。三是档案盒内备考表上的整理人和审核人签名用电脑打印，没有手写签名或者加盖签名章。四是档案盒尺寸选择不合理，有的档案盒里放了三四百件档案，影响查档效率，有的不论档案多少，都采用统一规格的盒子，导致有些档案盒中档案数量很少，占用了档案库房的空间。

3. 机关档案员更替频繁，单位领导档案意识有待增强

机关单位每年的档案收集、整理、归档工作存在着一定的连续性，因而档案员频繁换岗不仅影响到档案员的业务素质提高，也影响到机关档案工作的科学、有序开展。如果部门领导对机关档案工作不够重视，档案员工作交接不规范，则档案的质量将会受到直接影响。有些机关单位虽然把档案工作列入年度工作计划，但没有真正将档案工作作为单位重要基础工作来抓，在人力、财力、物力上缺乏有效保障。

二、建立机关文档中心的现实意义

1. 有利于推进机关单位档案工作的规范化

苏州市市级机关文档管理中心建立后，在机关文档中心工作的人员都是具有档案专业上岗资格的专业人员，而且长期从事档案工作，管理经验丰富，熟悉档案业务指导工作。机关文档中心在完善管理标准和规范的基础上，加强对各机关单位的业务指导，以保证各单位移交档案的质量符合进馆要求，实现档案管理的标准化、规范化，从源头上把好移交档案质量关。

2. 有利于进一步提高机关档案利用效率

分散式的机关单位档案室模式，受档案保管条件的限制，制约了档案利用工作效率的发挥，不能满足政府机关服务工作精简、高效的要求。苏州市市级机关文档管理中心成立后，经过三年多的运行和实践，档案利用工作基本达到了服务型政府的高效要求，凡移交进入机关文档中心的档案，全部实现了数字化管理，档案查阅速度快，档案利用效率大大提升。

3. 有利于改善档案保管条件

苏州市市级机关文档管理中心接收保管苏州市市级机关单位各类档案后，一方面，各机关单位不再需要设立独立的档案库房，可缓解机关办公场地紧张的状况，优化政府办公场地的资源；另一方面，可以有效改善由于各机关单位控制档案室温湿度的设备陈旧老化，不能达到档案保管的基本要求的状况。

三、苏州市建立市级机关文档管理中心的工作实践

1. 制定统一机关档案移交接收标准，提高档案移交接收工作的整体质量

机关文档中心为了确保接收移交档案的整体质量，提高机关档案工作的规范性，制定了《苏州市市级机关文档管理中心档案移交接收标准》，统一了移交进入机关文档中心的各类档案的整理标准和要求，使各机关档案员在日常档案工作中能更好地把握哪些事情必须保证做到，哪些事情需要结合本单位实际情况执行，统一了苏州市市级机关单位档案工作的质量标准。以相同的标准来衡量各机关单位档案工作水平，对于进一步推动各机关单位的档案工作起到积极作用。

2. 加强人员培训，提高机关档案员的业务素质

随着机关重点工作的变化，档案人员变动也较频繁。为了不因档案人员的更换而造成机关档案整体质量的下降，机关文档中心将提高机关档案员的工作能力和业务水平列入重要工作内容，持续加强对机关档案人员的培训。一方面，机关文档中心每年都举办机关档案工作实务培训班，各机关单位档案员脱产参加每期两天的档案专业知识、实务操作学习；另一方面，积极组织机关档案员参加省、市举办的档案工作继续教育培训。此外，为了整体推动苏州市市级机关档案管理

水平不断提高，机关文档中心每年都定期召开档案移交接收工作促进会，要求各机关单位档案工作分管领导、部门领导、档案员参加。

3. 加强考核力度，提升机关档案工作在机关工作中的受重视程度

推进机关档案工作，在加强档案人员继续教育、保持档案队伍相对稳定的同时，还须积极引导各单位建立健全档案管理制度，真正将档案工作列入本单位、本部门的年度工作考核范围。在苏州市市级机关档案工作年度考核中，每年定期举行档案行政执法"双随机"检查，即在全局执法人员的监督下，通过随机抽取确定检查对象和执法人员。机关档案工作的年度检查结果和全年档案移交工作的评价也影响着每个单位的年度绩效考核评比，所占分值虽然只有0.5分，但一定程度上增强了各机关单位的档案意识，营造了档案事业发展的良好环境。

4. 有效保障机关档案的安全

机关文档中心共有三大库房，进入库区有安全门禁，每个库房都配备监控设施，对库房进行全方位的监控，一定程度上保证了档案的安全。除了配备硬件设备外，机关文档中心还在管理制度和管理方法上采取了更加完备的措施：

一是加强档案库房安全检查，消除库房安全隐患。首先，从硬件上定期检查库房内精密空调、温湿度器、除湿机等电子设备运行情况是否正常，日常每天定点检查库房门窗是否关闭、牢固等；同时每天至少两次对库房的温湿度进行实时监控，确保入库档案在适宜的温度、湿度范围内。其次，不定期进行清点核查，将借阅登记表与档案库房中实体档案进行对照，及时发现借阅档案是否存在放置错乱或长期借阅不归还等问题。

二是建立档案出入库管理制度。制度规定在档案入库前工作人员必须对档案的质量、数量做好相关记录。一般情况下，已入库的档案只能在规定的阅档室查阅，原则上不得借出，如因特殊情况需要借出的，必须填写档案借阅登记表，同时提供单位出具的借阅档案的介绍信、借阅人的证件等相关证明，并要求借阅档案在规定时间内归还。

　　三是加强库房管理人员管理。库房管理人员是保护档案的主体，必须守土有责，严格执行库房管理规定，不得擅自允许无关人员进入库区。如确有工作需要，或因参观、库房设备维护等需要进入库房的，必须由库房管理人员陪同，并如实记录进出库房事由等情况。

　　苏州市市级机关文档管理中心的这些举措，既保证了机关档案进驻机关文档中心库房后的安全，更促进了机关档案的集约化管理，推动了苏州机关档案工作科学、持续地发展。机关文档中心在探索中逐渐走向成熟，其在推进机关效能建设中必将大有作为。

　　（作者：施玉燕　李艳兰　原载《档案与建设》2018年第12期）

浅谈"互联网+"时代企业档案管理的信息化建设

随着互联网的广泛运用和发展，传统意义上的企业档案管理和利用工作已经适应不了时代的需求，网络信息化、数字化给企业档案管理和利用工作的开展提供了一个良好的平台。利用信息化技术科学、规范地管理企业档案，是提高企业档案管理水平的一个重要途径。把互联网和移动互联网快捷方便的模式应用到企业档案工作中，促使档案服务的内容、方式、手段等向着多元的方向发展是档案工作迫切需要解决的重要问题。

一、企业档案管理信息化现状

企业档案管理信息化在现代企业信息化发展进程中是一项很重要的工作。企业档案管理信息化建设直接影响着企业档案管理工作的健康、稳定发展，对于提高企业档案管理科学性和有效性至关重要，对促进现代企业制度建设具有推动作用。

目前，企业在档案管理信息化建设方面经验还不是很丰富，现实中的企业档案管理信息化建设存在着众多的问题，主要有以下方面。

1. 档案管理信息化建设发展不平衡

目前很多企业进行了档案管理信息化建设，但是总体来讲，各企业档案管理信息化建设水平与程度都存在着不平衡的现状。对于那些规模大、效益好的企业，可以实现档案管理信息化建设高效化；但是对于那些规模小、效益差的企业，档案管理信息化建设就无从谈起。

2. 基础条件薄弱，技术、资金不足

　　档案管理信息化建设对于企业基础条件、技术、资金的要求高，很多企业尤其是中小型企业很难做到基础条件、技术、资金的高水准，加上企业档案管理信息化人才缺乏，甚至缺少相应的设备和技术支持，导致企业对于企业档案管理信息化建设的深度和力度不够，给企业档案管理带来不便。

3. 缺乏统筹规划，盲目建设

　　目前我国企业在档案管理信息化建设方面普遍存在着盲目规划和组织建设的问题；另外，加上企业在档案管理信息化建设规章制度和标准建设上缺乏统一的规定，导致企业档案管理信息化低效率、高重复建设问题严重。

4. 与其他信息化管理没有实现有效衔接

　　企业档案管理信息化建设并不是孤立的，是同企业其他管理和建设项目相结合的，如文书处理、生产活动、经营管理等方面都与档案管理信息化密切相关。由于我国企业在档案管理信息化建设机制和管理机制上存在不规范、不统一等问题，导致企业档案管理信息化同其他管理环节和生产环节缺乏必要的联系，不能够实现档案管理信息化建设同其他信息化管理的有效结合。

二、"互联网＋企业档案"的建设要求

　　做好"互联网＋企业档案"的建设，重点从以下两方面入手。

1. 加强执行档案信息化标准建设

　　企业档案网络的服务对象是互联网上的全体用户，而非仅局限于本企业。标准化是企业档案信息进入互联网的重要前提条件之一。互联网是一个相对独立的整体，它采用标准的TCP、IP技术和标准的计算机网络语言使得联网的所有计算机得以相互交流，从而形成一个巨大的全球信息网。使用统一标准规范也是适应企业档案信息采集、利用网络化的需要。在互联网上，要实现多个信息系统中资源信息的有效检索和利用就必须采用统一的数据格式和元数据标准，保证最大

限度地满足用户的多方面需求。企业使用统一标准的档案信息网络管理软件，一是可以在互联网上搜集各种信息，经汇总加工处理，为企业自身的发展提供服务；二是可以对外提供有限条件的信息服务，宣传企业文化，提高企业知名度；三是在社会分工越来越细的今天，企业购买档案网络管理通用软件，既可减少自主研制的高额投入，又可从软件开发部门获得高质量的专门技术支持，降低企业网络投资、维护成本。

2. 加强企业档案信息数据库建设

企业档案网络需要建立数据库才能提供信息内容。为保证信息的流通，各种不同类型的档案数据，其文件格式均应采用通用文件格式。企业档案数据库可建立全文数据库和目录数据库。全文数据库的建设主要是汇集企业内外的档案信息，进行数字化深加工，编辑成满足信息需求的格式，使用户通过检索可浏览全文。例如企业市场销售数据库，整个数据库包括企业产品的市场发展状况及整个行业发展趋势，以及企业的用户信用、需求和企业的整体可持续发展能力等资料。如果一位销售人员想了解某个客户的信用档案，可通过查询浏览反映该客户近几年经营状况、税务、财务等信息的介绍全文。目录数据库的建设是对企业档案目录进行数字化管理。利用者查阅档案时，输入一个检索要求，可以将所有符合要求的相关文件一次性检索出来，大大提高了档案的查全率。档案数据库要符合国家档案局颁发的《档案管理软件功能要求暂行规定》中的安全保密功能条款，确保档案数据安全。

三、"互联网+企业档案"信息工作策略

1. 加强档案管理信息化人才培养

档案管理信息化人才是企业做好档案管理信息化的关键，企业应该加强档案管理信息化人才的招聘和培养。档案管理信息化建设是一项专业性极强的工作，它对于档案管理信息化人才的要求极高。档案管理人员应该不断加强档案管理信息化专业知识的学习，包括信息技

术、法律、管理学科以及计算机技术的学习。另外，企业还应该加大对于新技术的引进，从资金、技术等各个方面做好档案管理信息化建设，加强档案管理信息化队伍建设。

2. 加快档案信息化标准规范的制定

国家档案局早在2005年就出台了《关于加强企业档案信息化建设的意见》，企业档案信息化标准应坚持技术与管理并重，以及企业信息化协调和同步的原则。标准规范和规章制度是企业进行档案管理信息化建设的基础和制度保障，企业只有在一定的标准规范和规章制度约束下，才可以更好地做好档案管理信息化建设。企业应该建立档案管理信息化机构，增强信息化管理人员的责任意识，强化档案管理信息化管理机构的管理职能。建立健全档案管理信息化管理制度体系，在基本信息化管理制度体系的基础上，还应该加强信息化管理制度体系执行力，使得企业档案管理真正做到有法可依、有规章制度可依，从而促进信息化档案管理的科学化。

3. 企业档案管理信息化建设应遵循一定的原则

企业档案管理信息化建设需要注意的问题有很多，总体来讲，应该遵循以下原则：第一，实用性原则。企业档案管理信息化建设的目的在于促进企业档案管理信息资源的共享，提高企业的社会效益和经济效益，促进企业档案管理的科学化、有效化。第二，逐步推进原则。企业档案管理信息化建设并不是一朝一夕所能完成的，它需要企业各层级人员投入大量的时间和精力。企业应该抓住档案管理信息化建设的大好时机，实现企业管理与档案管理信息化建设同步推进。第三，效益原则。企业进行档案管理信息化建设的主要目的是获得更多的利润，一旦进行档案管理信息化建设，企业应该将档案管理信息化建设同企业的短期效益和长期效益相结合。第四，全面协调发展原则。企业档案管理信息化建设并不是孤立的，需要各部门人员进行相应的合作。企业档案管理信息化建设必须与企业的信息化建设和经济基础相协调，必须与企业的信息需求相协调，必须与信息技术发展相协调，必须与全国信息化工程相协调。

4. 保障"互联网+企业档案"信息安全

在传统档案安全问题中，主要涉及档案实体安全和信息安全。在互联网时代，档案的安全防范同样也存在这两方面的问题。要加强网络安全保障体系建设，制定相应的法律法规；要加强人员管理，明确职责，指定专职档案管理人员；要定期检测系统漏洞，及时排查安全隐患，保障每个环节的安全。在互联网的模式下，档案利用的便利与档案泄密是一对主要矛盾，所以，在"互联网+企业档案"模式下，对档案利用者进行身份认证及权限设置是关键，只有对档案利用者的身份进行核实并将权限准确分类，才能保证档案信息安全。要加强对档案管理软件的完善，针对不断出现的网络系统漏洞进行必要的软件更新和升级，注意档案在保存和传输中的保密与安全，防止丢失泄密。要采取各种有效措施，设置多重防火墙，采用加密技术对用户建立严格的认证查询系统，从而建立信息安全保密防护体系，尤其是企业档案信息的绝对安全，同时，使档案利用者可通过自助行为实现对档案信息资源的利用。

5. 管控好企业档案信息开放的度

当企业档案信息网络与国际互联网连接，档案信息的用户扩大到整个互联网时，会产生企业信息安全的问题。按照《世界贸易组织协定》有关规定，应予公开的信息要通过网络公布，对能为企业带来经济利益的技术、经营信息等企业的商业秘密，企业档案管理部门应增强保密意识。尤其是涉及企业核心竞争力的商业机密，更要做好信息安全保护。

通过"互联网+企业档案"信息化建设，档案利用者可从网络上得到文字、声音、图形及数字视频等各种多媒体档案信息，其对档案信息的需求被更好地满足。同时，"互联网+企业档案"信息化建设可促进企业档案工作不断向信息化、数字化深入发展，提高企业发展的形象，在大数据时代进一步提升我国企业档案信息化建设水平。

（作者：李艳兰　原载《中国企业档案》2017年第2期）

赋能篇

筑牢档案之基　答好"创新四问"

江苏省第十三次党代会报告明确提出"聚力创新，聚焦富民，高水平建设全面小康社会"发展方略。"两聚一高"成为江苏未来5年的战略选择和发展走向。党代会期间，江苏省委书记李强专门就创新向苏州提出了4个方面的问题，即"创新四问"：在全省创新格局中，苏州怎样发挥引领性作用？在推进自主创新中，苏州怎么追求原创性成果？在全面提升创新水平的基础上，苏州怎样打造标志性平台？在创新生态系统的打造上，苏州怎样体现开放性和包容性？

把苏州档案工作全局放入"两聚一高"和"创新四问"进行综合考量，不仅是档案部门承担的历史使命，也是苏州市档案事业自身发展的现实需求。

一、档案人回答好"创新四问"具备坚实基础

近年来，苏州市档案局在局党组的正确领导下，结合"两学一做"学习教育，围绕中心、服务民生，以党的建设助推、引领全局行政业务工作的开展，继续保持全市档案事业发展在全省乃至全国的领先地位。苏州市档案局连续两次被评为"全国档案系统先进集体"，苏州市工商档案管理中心查阅窗口获评全国、省、市三级"五一巾帼标兵岗"，多位同志获"苏州市劳动模范"称号。2016年，苏州市档案局获评省级文明单位。

全国档案事业"十三五"发展规划的宏伟蓝图已经绘就。《苏州市档案事业发展"十三五"规划》以中共苏州市委办公室和苏州市人民政府办公室名义下发，描绘了"大档案"格局下的5年发展

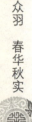

蓝图。

（1）档案资源建设有实质性突破。"大档案"格局初步形成，全市国家一级档案馆达到 8 家，建成村镇档案馆 21 家，各县市区档案馆新馆全部建成。民生档案资源不断丰富，苏州市人力资源和社会保障局社保中心退休人员档案、苏州市卫生和计划生育委员会医学出生证明档案等重要民生档案接收进馆。

（2）依法治档向多领域多层面延伸覆盖。2017 年 4 月 27 日，苏州市人大常委会对《苏州市档案条例》的贯彻落实情况进行了执法检查，全面、充分肯定了近 5 年来苏州档案事业取得的成绩。全市"七五"档案普法规划正式出台。2016 年，在高新区创新试点建成全国首家中小微企业档案管理中心，减轻中小微企业的管理负担。出台《苏州市出生医学证明档案管理规定》和全国地级市首个《公证档案整理规范》。依法治档工作常态化开展。

（3）数字档案馆建设深入开展。全市在创建 5A 级数字档案馆（室）过程中名列前茅，截至 2017 年 5 月已建成 5A 级数字档案馆 8 家（包括城建档案馆）、5A 级数字档案室 18 家。数字档案馆（室）延伸至近 200 个村镇。

（4）档案开发利用成效显著。"近现代中国苏州丝绸档案"成功入选联合国教科文组织《世界记忆亚太地区名录》，填补了苏州在世界记忆遗产领域的空白。《苏州年鉴》连续两年获全国特等奖。建成 14 家苏州市丝绸样本档案传承恢复基地，合力"复活"的"新宋锦"相继被选为 2014 年亚洲太平洋经济合作组织（APEC）晚宴各国领导人"新中装"面料、2015 年世界乒乓球锦标赛礼服、纪念抗日战争胜利 70 周年阅兵式上主席台褔袋的面料。

（5）档案科技工作和人才队伍建设扎实推进。2016 年完成了 8 个国家级、省级档案局科技项目的评审和鉴定。8 家局馆荣获"十二五"全省档案科技工作先进单位。全市档案系统中拥有副高级职称及以上的共有 92 人，11 人入选江苏省档案"151 工程"人才工程计划。苏州市档案局查档窗口的一名工作人员获评市妇联"最美基层巾帼之星"、市文明办"苏州最美人物"。

（6）在对外交流方面成绩突出。2016年，苏州市档案局成功承办"世界记忆项目与档案事业发展"主题研讨会。陆续在斯洛伐克、法国举办了苏州丝绸档案展等。

二、"两聚一高"目标为档案部门提供新战场

站在新的起点上，苏州档案事业处于大有可为的重要机遇期。2017年是实施"十三五"规划承前启后的重要一年，要发挥好档案对经济社会发展的支撑作用，需要做好以下工作。

（1）保障"近现代中国苏州丝绸档案"参评联合国教科文组织《世界记忆名录》，推进中国丝绸档案馆的建设，推动联合国教科文组织"世界遗产中小学教学基地"在苏州落户。

（2）办好2017年"一带一路"档案展、中俄丝绸档案和丝绸文化展。精心做好这两个展览的策划布展工作，趁势积累资料、丰富馆藏，进一步提升苏州的国际影响力。

（3）加强档案法治建设。增强依法行政能力，加大档案普法力度。

（4）提升档案工作服务效能。打造精品编研、精彩展览。推动中小微企业档案服务平台、不动产档案馆、专业档案中心的建设。不断强化服务社会民生的能力，使档案工作成果更多更好地惠及社会公众。

（5）加强党的建设。以党的建设助推、引领全局行政业务工作的开展，切实担负起为党管档、为国守史、为民服务的工作职责。探索开展对区县档案工作的考核。

三、交出档案工作服务"两聚一高"的满意答卷

（1）抢抓机遇，让苏州档案走向世界。在国家档案局的大力支持下，全力申报联合国教科文组织《世界记忆名录》，提升苏州城市品牌，让苏州丝绸档案走向世界。评选结果将在2017年9月出炉。

全力争取联合国教科文组织文化遗产青少年教育中心落户苏州。开展世界记忆工程对档案事业发展影响的学术研究，建立研究中心，发挥世界记忆工程在地方档案事业发展中的作用。

（2）夯实基础，全面增强档案创新供给力。加强档案史料的征集力度，广泛开展工商史料和丝绸史料征集。加强国家重点档案保护与开发项目研究工作，出版苏州市工商业档案史料丛编、苏州民族工商业百年名企系列丛书等。提升档案科研能力，以项目管理带动档案科研。发挥档案学会功能，争创、承接国家级、省级档案科技项目，重点探索档案管理模式创新和档案工作的新技术、新方法。

（3）打造品牌，努力建成中国丝绸档案馆。建立丝绸档案技术保护中心，开展对丝绸档案的抢救、保护和修复。实施丝绸样本档案的规范整理和数字化工作，搭建公共数据平台。完成中国丝绸档案馆展览大纲的编制，充实和完善专家库的建设，为中国丝绸档案馆的建设和发展工作出谋划策。

（4）开放包容，推动社会多方共同发展。加大档企合作力度，以馆企合作的形式开展丝绸档案资源的开发利用，计划在未来5年内增设6个传统丝绸样本档案传承与恢复基地，使基地总数达到20个。多方开辟展览展示途径，扩大对外宣传，继续开展国内馆企合作展和海外巡回展。加强高层次档案人才培养，努力营造更加开放的档案人才成长环境，积极与各大院校开展合作，打造一支符合现代档案事业创新发展需要的高素质档案人才队伍。

（作者：卜鉴民　原载《中国档案报》2017年5月29日）

档案开发利用创新模式研究
——以建立档企合作基地为例

档案工作的根本目的是开发档案资源，服务社会经济建设。档案开发利用工作是达到这一目的的重要途径，是发挥档案社会、文化和经济价值的重要渠道，也是档案工作地位和活力的体现。积极推进档案的开发利用，努力开拓档案开发利用的新途径和新方法，是档案工作者必须始终坚持的主要任务。目前，苏州市工商档案管理中心（简称"中心"）依托丰富的馆藏档案资源，与相关科研单位、生产企业合作，按照制造产业与档案文化相结合、传统技艺与现代织造相结合、科研开发与市场营销相结合的原则，以建立档企合作基地的形式，积极探索档案的抢救、保护和开发利用新途径，开辟了档案开发利用新模式，并初见成效。

一、建立档企合作基地的意义

苏州市工商档案管理中心馆藏的近50万卷丝绸档案和30余万件丝绸实物样本中，有首批列入国家非物质文化遗产名录的"宋锦"、省级非遗"漳缎"和传统"纱罗"等，这些曾经的苏州丝绸明珠，现在却逐步淡出市场并濒临消失。为了使这些珍贵丝绸品种重放异彩，赋予它们新的生命，苏州市工商档案管理中心有针对性地开展了馆藏丝绸档案资源的抢救、保护和开发利用工作。建立档企合作基地的初衷，正源于抢救和保护珍贵丝绸档案的客观需要以及挖掘和开发传统丝绸产品以满足现代市场的现实需求。

档企合作基地的建立，以创建档案资源利用、开发、生产和销售

一体化的档案利用新模式为目的，以基地为依托，借助科研院校、企业的力量，对传统丝绸进行织造工艺挖掘、产品还原和新品研发，最终实现传统织造技艺的保护与传承，同时开发出既有传统韵味又有现代风格并符合市场需求的产品。档企合作基地这一崭新模式的创建，不仅对档案资源的抢救、保护和开发利用有着十分重要的现实作用，更对档案资源如何走出"闺阁"、再现光彩有着长远的指导意义。

二、档企合作基地的建立方式

档企合作基地的建立，是在熟悉馆藏的基础上，选择其中具有代表性意义和传统特色的品种作为开发对象，再通过对相关科研单位生产企业的调研，确定合作模式，形成紧密的伙伴关系，发挥各自优势，对传统品种的各项技术、材料进行挖掘，并对传统生产工艺进行技术革新，开发出技术含量高、附加值高的新产品。

1. 确定合作伙伴

传统丝绸织造技艺的传承依赖于其产品为市场所接受并具有良好的生命力，而档案部门虽然拥有丰富的档案资源，却无法直接利用，必须借助科研院校、丝绸生产企业的力量，才能形成档案资源利用、技术创新、产品研发和生产以至投放市场的开发利用体系。因此，寻找具有一定技术条件和生产规模的合作伙伴，是基地建立的关键环节。中心借助各级丝绸行业协会的优势，根据企业的生产特点和技术优势进行调研和筛选，以设立传统丝绸样本档案传承与恢复基地的形式，先后与吴江区鼎盛丝绸有限公司、苏州工业园区家明织造坊、苏州市天翱特种织绣有限公司、苏州锦达丝绸有限公司、苏州圣龙丝织绣品有限公司五家企业建立合作关系，共同参与恢复与创新传统丝绸品种，探索丝绸档案开发利用新模式。

2. 选择开发品种

中心馆藏宋锦样本涉及品种较多，如何确定先行开发的品种，不仅是一个技术问题，而且关系到整个研究工作能否顺利进行。中心积极借助科研院校和社会力量，邀请国内丝绸行业的专家、传统丝绸技艺传承人和专业研究人员等组成了专家小组，按照既有传统性又具代表性的原则，对中心馆藏的宋锦、漳缎和纱罗等样本档案进行逐个分析、讨论并形成统一意见，最终确定先行开发的备选品种。

3. 恢复传统工艺

受历史条件的限制，中华人民共和国成立前，苏州典型的丝绸织物织造技术传承方式大多数是师傅带徒弟，采用手教、口授的形式来传授，很少有文字记录保存，留存至今最多的就是丝绸实物或样本。而只有在对传统工艺进行恢复的基础上，才能实现织造工艺的传承和开发。因此，档案管理人员与专家们首先对确定开发的样本实物进行鉴定，判定其生产的时期，然后进行技术分析，确定各样本的组织结构、经纬密度、门幅和配色等主要工艺参数，最终形成完整的传统织造工艺。这一方面为下一步的开发提供了技术基础；另一方面也使样本档案更趋完整，传统织造工艺得以保存。

4. 工艺创新与产业化

传统丝绸产品进入现代社会后，由于生产效率低、织造工艺复杂、产品成本高、使用范围小、不能满足现代人的审美观和消费需求等原因而日趋衰落，濒临人亡技绝之危。因此，仅依靠对传统丝绸织造技艺和品种的抢救、保护与传承，仍无法解决其根本问题，必须对传统工艺进行创新，以适应现代织造装备的产业化生产。为此，中心、专家小组和合作企业三方共同对确定的待开发品种进行了技术分析、可行性认证、筛选和市场预测，最终确定先行开发的品种及产品的功能定位。

三、档企合作基地的特点和优势

建立档企合作基地这种开发形式，与传统档案开发利用方式有着很大的区别，其特点和优势主要体现在以下几个方面：

1. 突破现有档案利用开发的范围，开辟档案利用开发新途径

现有档案管理的范围主要包括档案收集、整理、保管、鉴定、利用和编研，其中，仅有档案编研活动是对档案进行开发。因此，研究项目将档案的保护、利用和开发的外延拓展至最终产品并推向市场，

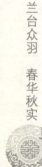

突破了现有档案利用开发的范畴，同时打破了传统档案管理"重保护，轻利用"的观念，使档案资源更有效地为社会经济发展服务、为企业转型升级服务、为传承文化服务，拓展和延伸档案管理的功能、范围，提升档案管理部门的作用和地位。

2. 打破传统档案利用模式，形成跨界合作开发新机制

传统档案利用往往是坐等上门与点对点服务，限制了档案的服务范围拓展和深度延伸，档案部门的作用难以得到充分发挥。而档企合作基地的建立，引入了政府、科研院校、企业和社会等各方力量，通过整合各自优势，对档案资源进行联合开发，实现档案资源从"封闭"走向"开放"，并形成新的产品，以满足社会大众的需要。

3. 档案部门主动参与，服务领域得到拓展和延伸

随着时代的进步、社会的发展，各方面对档案服务的要求不断提高。如何适应和满足这一客观需求，值得档案管理部门思考和探索。中心在研究过程中进行了尝试，主动参与档案资源提供、品种筛选、技术分析、传统工艺恢复、工艺创新、新产品试制和量产，以及系列产品研发、宣传推广各环节的全过程，并充分发挥档案部门的自身优势，对各环节的工作提供必要的服务和意见，使整个研究团队成为一个紧密的有机整体，在服务中实现档案部门的价值，同时，服务领域也得到了拓展和延伸。

4. 调动合作方热情，实现经济效益与社会效益双丰收

对合作企业来说，借助档案资源进行产品研发，可以降低其产品开发成本，提高创新能力，易于获取良好的经济效益，因此企业通常具有较高的参与热情。而档企合作基地的建立，也使传统的丝绸品种得以传承和发展，让更多的消费者可以重新接触和选择这些传统产品，在一定程度上为振兴苏州丝绸产业发挥了积极的推动作用。

四、档企合作基地取得的阶段性成果

1. 宋锦

宋锦是指具有宋代织锦风格的锦缎，它形成于宋朝，鼎盛于明清，在汉唐蜀锦技艺上发展而来，又有所创新，是一种以经线和彩纬同时显花的织锦。它既继承了秦汉经锦的技艺，又延续了唐代纬锦的风格，集两者特色于一身，形成独特的风貌。在纹样组织上，精密细致，质地坚柔，平服挺括；在图案花纹上，对称严谨而有变化，丰富而又流畅生动；在色彩运用上，艳而不火，繁而不乱，富有明丽古雅的韵味。因其主要产地在苏州，故又称"苏州宋锦"。宋锦被赋予中国"锦绣之冠"的称号，它与四川蜀锦、南京云锦一起，被誉为我国的三大名锦。其特点是实用性非常强，质地柔软、坚固、耐磨且可以反复洗涤，适用面非常广泛，这是其他丝绸产品所无法比拟的。

明代"米黄色地万字双鸾团龙纹宋锦"虽已有部分地方残缺，但其上以真金制成的金色丝线仍闪闪发光。残片纹样中，既有蟠龙、禽鸟的动物纹样，又有万字纹、八达晕的几何纹样。其中最引人注目的是那些形态相同但颜色各异的蟠龙，五条龙为一组，在同一块织锦上通过不同的配色显现出不同的颜色，彰显出当时技艺的精湛。此样本已由苏州工业园区家明织造坊运用传统工艺手工织造成功复制。

2014年11月10日的亚洲太平洋经济合作组织（APEC）晚宴上，参加会议的各国领导人及其配偶身着中国特色服装抵达现场。他们身穿的名为"新中装"的现代中式礼服采用了极具东方韵味的宋锦面料，该面料蓝本正源自苏州市工商档案管理中心馆藏的宋锦样本档案。中心借助档企合作基地，以馆藏宋锦样本档案为蓝本，对机器设备进行技术革新，研发出10余种宋锦新花型和新图案，让古老的宋锦技艺走出了档案库房，在世人面前焕发出新的生机和活力，并最终走上了APEC这一国际舞台，赢得了世界人民的赞赏。

2. 纱罗

纱罗是纱与罗两类丝织物的通称，两者都是质地轻薄、组织结构稀疏的丝绸织物。"方孔曰纱，椒孔曰罗"，是对其形象的描述。纱罗多以蚕丝作原料，工艺复杂独特，用它制作的织物具有光彩悦目、轻薄透明、柔软轻盈、细腻滑爽、高贵典雅的特点。较之绫、绸、缎，纱罗显得更为名贵，古时多为皇家、贵族所用。纱罗组织构成的织物透气性好，结构稳定，主要适用于夏季服装和居室饰品。纱罗织物的织造工艺较为复杂，目前能生产此产品的厂家很少。从市场调研来看，纱罗织物必成流行之势。

为了使传统丝绸产品在更大范围内让大众知晓，在利用丝绸样本档案复制传统丝绸面料之余，档企合作基地也在不断加大传统丝绸的功能开发力度，拓展其使用领域，推出了罗灯、罗扇、手包、丝罗手写本、丝绸书签等系列产品，所形成的"苏罗"品牌为广大消费者所认识。

3. 漳缎

漳缎起源于漳州的漳绒。清代顺治三年（1646年），朝廷在苏州设立官办织造局，苏州丝织艺人通过改进织造工艺，结合云锦的花纹图案，应用束综提花织机的提花技术，创造出了一种既是贡缎质地，又有漳绒特有绒感及浮凸花纹图案，具有独特风格的丝绒产品，即漳缎。漳缎面料挺括厚实、立体感强，外观亮丽，适合用于服饰。

中心馆藏的漳缎祖本是十分珍贵的实物档案，由于大多制作于半个多世纪前，最早的甚至距今已有百年，现在部分祖本的丝线已经出现了脆裂，严重影响了对这些祖本的开发利用和保护。中心借助档企合作基地，对祖本结构进行分析，确定了其织造工艺，最终实现了对漳缎祖本的解码。考虑到今后对复制件的利用，中心还对祖本所需丝线进行了加粗，增加了丝线的强度，复制件的技术参数与原件保持高度一致。

传统丝绸品种的恢复与延伸产品的开发，标志着档企合作基地取得了预期成效。宋锦、纱罗面料先后制成箱包、领带、服饰、家纺、宫灯、宫扇等终端产品，预示了这一档企合作机制具有较强的实用性和可操作性，对拓展传统丝绸面料的使用范围和领域有着十分重要的现实作用。接下来，中心将在现有基础上进一步完善合作机制，支持和参与传统丝绸传承、恢复与创新工作，开发出更多符合现代消费人群审美观念的系列产品，使传统意义上的丝绸产品更趋于历史文化、现代科学、时尚艺术和应用价值相结合的中高端产品，使消费群体不断扩大，商业价值更加突出，以良好的经济效益来加大对传统丝绸系列产品的深度开发，实现丝绸档案真正意义上的传承和发展。

参考文献

[1] 彭聚营，陈鑫，卜鉴民. 宋锦样本档案开发工艺走上APEC舞台[J]. 中国档案，2015（1）：34-35.

[2] 陈鑫，吴芳，方玉群，等. 苏州工业遗产档案资源抢救与保护方法研究[J]. 档案学研究，2015（2）：104-108.

（作者：彭聚营　吴芳　原载《档案与建设》2016年第2期）

创新档案开发　实现档企合作

一、丝绸档案开发的基础和必要性

丝绸作为中国国粹之一，记录了中国纺织业的发展轨迹。种桑、养蚕一直绵延5 000多年。今天，蚕丝仍然是最优良的纺织纤维材料，被称为"纤维皇后"。历史上苏州的丝绸产品一直绵延不绝，从春秋时期的吴缟到三国两晋时期的吴绫；从隋唐时期的八蚕丝、绯绫到宋代的宋锦、缂丝；宋、元、明、清时期设置官府织造局，产品更是种类繁多，主要有漳缎、织锦、闪缎、妆花缎、摹本缎、贡缎、天鹅绒、高丽纱等。然而，随着社会进步和科技发展，一些传统丝绸品种逐步淡出市场并濒临消失。如何对传统丝绸产品进行抢救、传承、保护和开发利用，不仅成为振兴苏州丝绸产业、实现丝绸生产企业转型升级和展示苏州经济实力的重要一环，更是弘扬和传承中国丝绸文化的客观需要，也是以实际行动积极响应习总书记倡导的"新丝绸之路经济带"大发展的具体体现。

苏州市工商档案管理中心（简称"中心"）是苏州市档案局下属的事业单位，目前馆藏档案170余万卷，其中整合了原苏州市区丝绸系统样本档案，总数高达30多万件，有绫、罗、绸、缎、绉、纺、绢、绡、葛、纱、绒、锦、绨、呢十四大类的织造和印花产品样本，并存有丝绸行业织造、炼、染、印等工艺和设计档案近50万卷。同时，拥有大量明、清和民国时期丝绸实物档案，中华人民共和国成立初期的绸缎样本，中共十五大至十八大专用红绸，历届中国广州对外出口贸易交易会（春秋）参展绸缎样本以及国外丝绸样本。其中，宋锦档案资料和样本有近900卷（件），既有20世纪六七十年代苏州市区丝绸企业生产宋锦的技术档案，又有从明朝末期至20世纪80年代初不同阶段的实物样本档案。因此，中心是我国目前丝绸档案保存最系统、最完整的馆藏机构，成为苏州振兴丝绸产业、弘扬丝绸文化的"根"。

中心在多年丝绸文化传承、历史研究和技术发展的过程中意识到，如何在对馆藏丝绸档案进行有效抢救、保护的同时更好地加以利用开发是一个极其重要和紧迫的问题。尤其是列入国家和江苏省非物质文化遗产名录的"宋锦""漳缎"，由于受传统织造技术和品种开发及生产成本等因素的限制，这些曾经的苏州丝绸明珠，目前已面临消失的危险。早日使逐渐淡出人们视线的珍贵丝绸品种重放异彩，不仅是苏州丝绸人的愿望，也是我们档案人的希望。

二、创新档案开发，实现档企合作

苏州市工商档案管理中心在对库藏档案资源实施有效管理的同时，有针对性地开展丝绸档案资源的抢救、保护和利用开发工作。一是积极开展相关丝绸名人档案和散存于社会上的丝绸资料、实物样本征集工作，不断丰富馆藏资源；二是对库藏中的丝绸档案资料和样本开展抢救、保护工作，比如通过改善保管条件、增添保管设备和实施规范整理及数字化处理等手段，实现对宋锦档案资源的有效保管和快捷查询，提高利用、查阅效率；三是积极寻找丝绸传统织造技艺的传承、保护、品种恢复和创新的合作伙伴，开展馆企合作这一档案利用、开发模式的探索，力求实现档案资源主动走出库房，达到为社会发展服务、为企业转型升级服务、为民生需求服务的目的。

中心先后与吴江区鼎盛丝绸有限公司、苏州工业园区家明织造坊、苏州市天翱特种织绣有限公司、苏州市锦达丝绸有限公司、苏州圣龙丝织绣品有限公司五家企业建立合作关系，共同参与丝绸档案利用开发模式的探索和传统丝绸品种的恢复与创新，努力使传统丝绸产品更好地体现苏州丝绸产业的悠久历史和璀璨文化。

馆藏样本涉及品种较多，如何确定先行开发的品种，不仅是一个技术问题，而且关系到整个研究工作能否顺利进行。中心根据自身丝绸专业技术人员缺乏的实际情况，在选择开发品种的过程中，通过借助科研院校和社会力量的方式，邀请了国内丝绸行业的专家和宋锦、漳缎技艺传承人以及专业研究人员等组成了专家小组，按照既有传统性又有代表性的原则，对中心馆藏的宋锦、漳缎和纱罗样本档案进行逐个分析、讨论并形成统一意见，确定先行开发的备选品种。

目前，中心已根据馆藏的宋锦、纱罗实物样本和漳缎祖本开发了米黄色地万字双鸾团龙纹宋锦、新宋锦系列面料、本白色二龙戏珠暗花实地纱、蓝地暗花竹梅纹纱罗、八仙祝寿纹漳缎等产品。

传统丝绸产品要在更大范围内让大众认识，必须加强功能开发和使用领域的拓展，而在中高档奢侈品中占有一席之地是提升品牌效应、占领市场制高点、快速为消费者认可的一条捷径。基于这样的认识，经过一年来的研发、试验和定产，宋锦、纱罗产品一经问世就定位于中高端产品，投放市场后给中高端消费群体带来巨大冲击力并深受消费者喜爱。通过这一特定群体的引领和传导作用，产品很快拥有了自己的市场份额，借助宋锦、纱罗系列产品所形成的"上久楷"和"苏罗"品牌也为更多消费者所认识。产品已先后成功进入北京、上海、广州等特大城市市场，销售前景看好；同时，在国际交往中作为政府有关部门选用礼品赠送给一些国家、政府领导人或国际著名企业负责人。

三、收效显著，未来可期

创新档案保护开发模式突破了传统档案管理"重保护，轻利用"的观念，使档案资源更有效地为社会经济发展服务、为企业转型升级服务、为传承文化服务，拓展和延伸了档案管理的功能、范围，提升了档案管理部门的作用和地位。通过引入政府、科研院校、企业和社会多种力量，整合各自的优势对档案资料进行联合开发，实现档案资源开发从封闭走向开放，形成新的产品，满足了社会大众的需要。对于合作企业，借助档案资源进行产品研发，可以降低开发成本和提高创新起点，易于获取良好的经济效益。研究成果的取得使传统丝绸品种得以传承和发展，让更多的消费者重新认识和使用这些传统产品，在一定程度上为苏州振兴丝绸产业发挥了积极的借鉴作用。

  传统丝绸品种的恢复与延伸产品的开发，如宋锦、纱罗面料先后制成箱包、领带、服饰、家纺、宫灯、宫扇等终端产品，预示了一这馆企合作机制具有较强的实用性和可操作性，对拓展传统丝绸面料的使用范围和领域有着十分重要的现实作用。北京召开的亚洲太平洋经济合作组织（Asia-Pacific Economic Cooperation，APEC）领导人峰会上各国领导人所穿"新中装"礼服的面料就来源于以上合作成果，这是对中心抢救、恢复和创新传统丝绸工作的肯定，增添了我们档案人继续探索的勇气。目前，项目取得了阶段性成果，织造技艺的传承与创新取得了重大突破。中心将在现有基础上完善合作机制，支持和参与传统丝绸传承、恢复与创新工作，开发出更多符合现代消费人群审美观念的系列产品，使传统意义上的丝绸产品更趋于历史文化、现代科学、时尚艺术和应用价值相结合的中高端产品，使消费群体不断扩大，商业价值更加突出，以良好的经济效益来保证传统丝绸系列产品的深度开发，实现真正意义上的传承发展。

（作者：甘戈　原载《江苏丝绸》2015 年第 5 期）

丝绸档案整理办法的探索与实践

档案管理的最终目的是提供档案信息,为社会实践服务。如何做到最大限度地发挥档案作用,整理好档案是关键。苏州中国丝绸档案馆(简称"中丝馆")的筹建不仅符合新形势下档案专业化管理的发展趋势,更发挥了丝绸档案及其文化的独特优势。自2013年开始,中丝馆面向全国开展丝绸档案征集工作,征集的丝绸档案数量日益增加,丝绸档案得到了很好的保护、利用、研究和教育宣传。如何合理化管理,规范整理多样化的丝绸档案,成为目前丝绸档案整理的重中之重。结合近几年工作实践,笔者就丝绸档案的规范整理进行了一些针对性的探索和研究。

一、丝绸档案的来源及内涵

丝绸档案是丝绸历史发展过程中直接形成的对国家和社会有保存价值的各种文字、图表、声像等不同形式的真实历史纪录。中国是丝绸的发源地,也是世界丝绸生产的主要产区。早在5 000多年前,勤劳智慧的中国人民就已经采桑、养蚕、缫丝和织绸了。几千年来,从事丝绸业的劳动人民、专家学者留下了大量反映各个历史时期丝绸文化的传承与发展、具有较大历史价值和典型代表性的丝绸档案史料及实物。尤其是中华人民共和国成立后,全国的丝绸企业发展蒸蒸日上,留下大量的企业档案,包括企业文书档案(生产、管理、经营等类档案)、科技档案(产品档案、设备档案、基建档案、科研档案等)、会计档案、实物档案以及与丝绸有关的史料、遗迹、书籍、手稿、照片、录音、录像等档案。这些前人留下的文献资料是与丝绸有关的历史发展的真实记录。

二、中丝馆职能及馆藏现状

建设中的中国丝绸档案馆是国内首家和唯一一家专业的丝绸档案馆，肩负着对丝绸档案进行收集、接收、整理、保管并提供利用和进行研究的重要职责。目前馆藏主要有两部分。一部分是20世纪末国有（集体）产权制度改革过程中苏州市工商档案管理中心接收保管的东吴丝织厂、振亚丝织厂、光明丝织厂、新苏丝织厂及苏州其他大大小小丝绸厂的各类档案，近50万卷。这些丝绸档案是近百年来苏州丝绸企业在技术研发、生产管理、营销贸易、对外交流中直接形成的。另外一部分是中丝馆自2013年7月筹建以来，向全国各省市征集的反映各地区各时期有代表性的、有特色的丝绸史料和实物以及各类丝绸非遗传承人的代表作品和个人资料，截至2018年10月，总共近2万件。

三、制定丝绸档案整理办法的必要性与意义

档案整理是档案管理工作中的关键一环，在社会经济和科学技术快速发展的今天，如何跟上时代的脚步，是需要认真思考的问题。中丝馆现有馆藏档案资源主要由苏州市工商档案管理中心所接收的原苏州市属国有（集体）丝绸企业移交的企业档案和近几年在国内各地征集的丝绸档案所组成，其分类和全宗是苏州市工商档案管理中心依据特定时期管理企业档案的需要而设置的。随着馆藏档案资源建设的加快推进和丝绸档案类别的逐步增加，原有整理办法已经难以满足丝绸档案管理的需要，矛盾日益突出，因此制定一套专门的丝绸档案整理办法来适应专业丝绸档案馆档案的管理刻不容缓。

四、馆藏丝绸档案的特点及整理办法

中国丝绸档案馆作为专业的丝绸档案馆，目前拥有题材较丰富、品种较齐全的丝绸档案，传统的整理方法远远不能适应现代高节奏的

查阅、使用等，合理科学地整理这些丝绸档案是目前的首要任务。

（一）纸质史料

中国丝绸档案馆作为专业的档案馆，在征集档案时通常以史料为主，也就是围绕丝绸历史发展的脉络，针对相关的反映丝绸历史、文化、产业等多方面的记载进行收集。纸质史料主要包括三部分：一是文书档案，即由机关、团体、企事业单位在行政管理事务活动中产生的通用文书转化而来的那一部分档案的习惯称谓，包括命令、指示、决定、布告、请示、报告、批复、通知、信函、简报、会议记录、计划和总结等。这里主要是指与丝绸相关的机关、团体、企事业单位产生的文书档案。二是各类丝绸书籍、丝绸名人手稿、宣传资料等。三是丝绸名人的题词、书画和画册等。纸质档案最大的特点是数量多，内容丰富，涉及面广，而且形式多样化，尤其是丝绸名人的题词及书画类，查找时可以精确到每一件，乃至每一张、每一页。因此，在整理这类档案时须按以下三点来进行：

（1）整理此类档案以"件"为单位来进行。

（2）整理的步骤大致可分为：装订、分类、排列、编号、编目、装盒。

（3）文书案件的每页都需要盖上页码章。具体参照苏州市《归档文件整理规则》。

（二）丝绸实物

中国有着几千年的丝绸历史，前人留下了大量珍贵的丝织实物。其中包括丝绸各个种类的丝织物，主要是绫、罗、绸、缎等生活用品、装饰品、绣品等。根据目前征集实物的情况，这类实物整理时亦可分成小类，主要有丝绸样本、残片和丝织成品等。

1. 丝绸样本、残片等

（1）有名称：直接命名，拍照留底，对物品进行适当清洁处理，如熨烫。稍做整理填写相应的全宗号，贴标签。对于年代较近的丝织物，若产品仍留有纸质标签的，在纸质标签上粘贴标签（全宗号、目录号、案卷号）；若丝织物年代久远，破损严重，将其平铺放入自封袋中，在自封袋内左下角贴上标签（全宗号、目录号、案卷号）。尽量做到将所有的丝织物装入档案盒，盒上的全宗号同盒内织物保持一致，输入目录。

（2）没有名称：对于没有命名的丝织物，须由专家鉴定后命名，之后参照有名称丝绸实物整理办法。

2. 丝织成品

（1）对于已有包装盒的丝织物，先进行大小分类，做到基本整齐，再在包装盒外贴上标签（全宗号、目录号、案卷号），包装盒内的丝织物同样贴上标签（全宗号、目录号、案卷号），最后输入目录。

（2）对于装裱物品，在物品背面左下角贴标签（全宗号、目录号、案卷号）。鉴于装裱物品大多为易损、易碎物品，应在物品表面包裹塑料泡沫纸，以防破碎。包裹好后，用白纸写好标签（全宗号、目录号、案卷号）贴在包裹外，有利于区分、查找。最后输入目录。

（3）对于未装裱也无包装盒的丝织物，进行常规的清理、熨烫，贴上标签（全宗号、目录号、案卷号），装盒，最后输入目录。

（三）生产丝绸的器具

丝绸是一种纺织品，是用蚕丝通过媒介进行编织、织造出来的织物。生产丝绸的工具通常形式多样，大小不一，作用各异。如漳缎机、宋锦机，都是超大型的实物，征集回馆后基本是不常搬动的，在整理的时候可以和小的实物器具如梭子、篗头、纺车等分开进行整理，入库后直接在织机上贴上相应的标签即可。

（1）在不损坏器具的同时，尽可能清理干净该物品。

（2）在不破坏档案的情况下，将标签（全宗号、目录号、案卷号）贴在物品背面。若实物档案太小不可粘贴全宗号的，把物品放在自封袋中，全宗号贴在自封袋内左下角。

（3）装盒给号，贴标签。

（4）输入目录（详细输入该件物品信息）。

（四）大型物件

大型物件（如织机、地屏、大镜框等）按"件"整理，整理时将标签（全宗号、目录号、案卷号）贴于不影响展示的位置。易碎物品需要用塑料泡沫包裹，防止破损。

（五）重复件的整理

单个捐赠者捐赠多件相同物品（同种物品有两个或两个以上），所有物品给相同全宗号、目录号，在输入目录时备注物品的数量，装盒时尽量装入同一个档案盒，集中保管。多个捐赠者捐赠相同物品（两个或两个以上），分别给全宗号、目录号。

（作者：周玲凤　原载《办公室业务》2018年第11期）

档案资源征集实践与探索

——以苏州中国丝绸档案馆档案征集工作为例

档案资源是开展档案工作的基础，是关系到档案事业可持续发展的重要条件。档案征集工作是丰富档案资源、优化馆藏结构的有效途径，更是档案馆工作中一项重要的基础性工作。苏州中国丝绸档案馆（简称"中丝馆"）自2013年筹建以来，一直非常重视档案征集工作，将其列入重要议事日程，逐步建立健全制度和机制，提高征集工作的实效性，取得了一定的成绩。经过几年的积极探索和大胆实践，基本形成了一个"渠道宽广、信息丰富、科学规范、操作性强"的丝绸档案征集大格局。

回顾这几年来丝绸档案的征集，笔者积累了一些经验体会，主要有以下几个方面。

一、丝绸档案资源征集的紧迫性

档案征集是档案资源管理的重要前提，是档案工作赖以存在和发展的重要基础，也是衡量档案馆业务基础工作扎实与否的重要方面。就建设中的中丝馆而言，丝绸档案征集工作的创新与实践显得十分紧迫。

1. 丰富馆藏资源，满足功能需求

中丝馆现有的馆藏档案资源主要由苏州市工商档案管理中心所接收的原苏州市属国有（集体）丝绸企业移交的企业档案和近几年在国内部分省、市、区征集的丝绸档案组成。作为国家级专业档案馆，馆藏理应涵盖所有与中国丝绸档案形成有关的地区和国家的档案，以

及各类与丝绸相关联的档案，能基本反映中国丝绸上下5 000多年的发展历史，成为一部中国丝绸档案方面的百科全书。与这一目标相比，目前馆藏仅包括所征集的部分省、市以及原移交的各类丝绸档案，远远不能满足一家专业档案馆的需要，档案征集工作任务紧、数量大、涉及面广，刻不容缓。

2. 突破瓶颈制约，提高征集效率

中丝馆的筹建是档案界的创举，是档案人在从事丝绸工作，其中很大一部分员工对丝绸只是简单的了解。自筹建以来，征集人员仅凭现有的网络、书籍上的丝绸信息进行征集，渠道相对狭窄。一些偏远地区的征集工作耗时比较长，除了安全问题外，还面临着诸多问题，如需要摄影、录像时人员就得增加，有3到4人才能成行，人员的花费也相当可观。再者，一部分工作人员在摄影和录像方面的专业水平欠佳，其拍摄的照片和视频的质量与档案馆存档的要求还有一定的差距。在征集的过程中碰到一些相对珍贵的档案史料及实物，由于缺乏专业性的人才，无法很好地估量其价值，无法第一时间给予识别，失去了征集的好时机。丝绸档案征集过程中经常会碰到各种各样的问题，影响、制约着征集的力度和强度，档案工作者需要在一次次实践中不断地改进，努力提高征集的数量和质量。

3. 满足职能需要，实现创新发展

中丝馆作为一家国家级专业档案馆，承担着中国丝绸发展进程中所形成档案的收集、整理、保管、利用、展示、研究等职能，而这一切都建立在丰富的馆藏基础之上。因此，对于建设中的中丝馆来说，搭建征集工作大格局并实施规范化的征集管理，不仅是不断丰富和完善馆藏档案资源的现实需要，也是不断创新发展的基础和前提。

二、丝绸档案资源征集的创新实践

中丝馆自筹建以来，征集工作便同步展开，且征集的力度愈来愈大。在获得宝贵的丝绸档案的同时，工作人员也会遇到各种难题，通过总结成功的经验，吸取失败的教训，逐步走出了丝绸档案资源征集的创新之路。

1. 聘请专家顾问，做到以点带面

中丝馆是"中"字头的档案馆，涵盖的丝绸档案理应反映全国的丝绸档案情况，因此征集的量大、任务重。根据这种情况，中丝馆制定了5年一次的全面规划和1年一次的具体规划，根据每年的征集任务，确定丝绸档案征集的重点地区和潜在区域，联系每个省份的茧丝绸行业协会，着重征集当地重要的有代表性的丝绸档案，在每个地区（或区域）聘请征集顾问，建立征集顾问库。充分发挥库内顾问对所在区域丝绸档案分布情况熟悉和个人在当地丝绸界独特影响力的优势，请他们协助开展区域内的征集工作。同时，在一些征集重点地区不定期组织丝绸专家举行征集研讨会、丝绸老企业家座谈会等，不断聘请征集顾问，拜访丝绸方面的专家，形成以点带面的征集格局。4年来，中丝馆已聘请征集顾问26名，他们遍布国内主要丝绸生产和贸易地区及国内与丝绸有关的科研院校，为中丝馆征集丝绸档案资源发挥了重要作用。

2. 整合档案资源，形成合作机制

中国自古就是丝绸的故乡，有着深厚的文化底蕴，丝绸资源分布也相当广泛，丝绸档案涉及面宽，分布地域广。对于建设中的中丝馆而言，仅依靠传统的征集模式和自身力量进行档案征集是无法满足档案馆建设和发展需要的。为此，中丝馆采取继承与创新相结合的方式，积极借鉴传统征集工作的经验，同时跳出档案系统做征集，实施跨界合作。采取档案系统内的馆际合作，系统外的馆际合作（文博系统）、馆会合作（行业协会）、馆政合作（政府非遗管理部门、侨联等）、馆院合作（科研院校）、馆企合作（生产企业）和馆人合作（专家、学者、非遗传承人等）7种合作模式。通过这些合作，将合作方的资源、渠道和信息为中丝馆所用，实现征集信息资源的整合。这些合作模式一方面解决了馆内征集人员有限、难以全面展开征集工作的难题，有效地降低了征集成本；另一方面借助合作方的优势，使征集工作取得了事半功倍的效果。目前，中丝馆在国内已形成了有近

百个合作单位和个人参与丝绸档案的征集大格局，征集成效大幅提高。

3. 建立合作基地，开展档案复制

征集保存档案的最终目的应该是提供档案服务。针对珍贵丝绸档案开展的复制工作，既是丝绸档案抢救保护的重要内容，也是档案征集的主要组成部分。由于历史的原因，诸多珍贵丝绸档案分散于各大档案馆、博物馆，甚至流到海外或灭失。尤其是丝绸实物档案，有的仅留存部分图片，无法完整、详尽地体现丝绸实物档案的风貌、质感及加工工艺。对此，中丝馆通过馆际合作对保存在其他馆的文字史料进行仿真复制，同时与一批热衷于传承保护中国传统丝绸品种并具备相应技术条件和能力的生产企业、科研院校以及非物质文化遗产传承人开展合作，通过建立传统丝绸样本档案传承与恢复基地的形式，发挥各方的优势，积极开展馆藏珍贵丝绸实物的复制，并将复制过程中形成的技术资料、生产工艺和复制成功的实物接收入馆，使之与馆藏的图片或照片组成完整档案，弥补历史遗留的空缺。截至2016年年底，这样的传统丝绸样本档案传承与恢复基地已经建立了14家，有效保护和完善了丝绸档案资源，实现了抢救保护与征集工作双丰收。

4. 通过展览、编研，扩大宣传力度

档案展览、编研是档案开发利用和档案信息资源服务社会的有效方式，具有独特的宣传教育作用。丝绸档案历史源远流长，许多珍贵丝绸档案已经很难见到，如何挖掘至今散存在民间的部分丝绸档案，依然是中丝馆征集工作无法回避的现实问题。借助已有的征集渠道进行广泛拓展、搜寻是一种方法；通过编研成果的出版和展览展示，扩大对外宣传力度，也不失为另一种有效的征集宣传手段。中丝馆采取档案征集与展览、编研工作有机结合的方式，以征集促编研，以展览带征集，三者相互促进，同步推进。通过出版馆藏档案研究成果，如《丝绸艺术赏析》《花间晚照——丝绸图案设计的实践与思考》等，宣传介绍丝绸历史文化。配合"6·9国际档案日"和"苏州档案日"等重点宣传活动举行大型展览，并不定期地举办各种中小规模的展览,积极加强与电视台、报社等新闻媒体信息发布部门沟通,建立有效的协作机制。通过多形式、多渠道的对外宣传,拓宽征集宣传渠道。4 年中先后举办各种不同主题的丝绸展览 60 余次,吸引了众多专家、学者和普通市民参观,提高了社会公众的档案意识。一些热心市民参观后将原来认为无用而扔弃在家中的丝绸史料或实物主动捐赠给中丝馆。征集宣传取得了预期效果,至今中丝馆已接收这类捐赠的丝绸档案近 400 件,一定程度上发挥了拾遗补阙的作用。

三、征集丝绸档案的收获与成果

在丝绸档案的征集实践之路上,中丝馆走出了一条大胆的、勇于探索和创新的丝绸档案征集大格局之路,使征集工作沿着健康、正确的方向迅速发展,先后从全国各地征集到各类丝绸档案 2 万多件,征集工作取得明显成效。实践证明,中丝馆征集工作的理念和思路是正确的,方法与途径是切实可行且行之有效的。

1. 取得的成果

(1) 初步开创了面向全国并逐步拓展至海外的档案征集大格局。

(2) 建立了征集工作科学化管理体制。

(3) 引入专家鉴定、评估机制,形成了征集档案价值评估体系。

(4) 制定有效的管理制度,保证了征集工作的规范、有序。

2. 收获与体会

(1) 理念创新和勇于实践,是打开征集工作新局面的思想基础。档案征集工作要满足馆藏档案资源的需要,适应档案事业快速发展的形势,就必须打破原有的思维定式。具备创新的理念、敢于探索的勇气和大胆实践的精神,方能开创征集工作新局面。

(2) 领导支持和重视,是征集工作创新发展的动力。领导重视对工作取得成绩具有至关重要的作用。近年来中丝馆充分借助各级领导对中丝馆建设和发展关心、支持的优势,不断推动档案征集工作的创新发展。同时,又充分利用征集工作所取得的成果,积极参与各种重要宣传、展览活动,主动发挥档案部门为地方经济发展服务的作用。另外，通过新闻媒体的报道和社会各界给予的良好评介，引起领导的关注，逐步实现从关注、了解到重视、支持，从而为征集工作的创新发展提供强大动力。

（3）征集经费的保证，是征集工作取得突出成效的保障。这几年征集工作之所以能取得突出的成绩，其中一个重要原因，是得到政府的高度重视和市财政的大力支持。每年中丝馆所需的征集经费都是以市立项目的形式纳入专项资金并列入年度财政预算，从而在根本上保证了征集经费的来源，为征集工作的全面、有序推进提供了保障。

（4）征集队伍的建设，是征集工作持续发展的根本。档案征集工作作为资源建设的重要组成部分，是一项任重道远的工作。因此，要保证征集工作健康、持久地顺利发展，建设一支"素质强、业务精、作风硬、效率高、能吃苦"的征集队伍是根本。

丝绸档案征集大格局的形成，是中丝馆征集实践过程中不断探索、创新的产物，为丰富馆藏丝绸档案资源发挥了巨大的作用。中丝馆对丝绸档案资源征集工作实践不断进行总结、探索，分析当前丝绸档案征集过程中的经验得失，努力开创丝绸档案征集工作新思路、新局面，从而全面推进馆藏丝绸档案的征集工作，力争早日建成馆藏资源丰富、信息化程度高、服务功能全的专业档案馆。

（作者：周玲凤　原载《档案与建设》2017年第11期）

珍藏丝绸记忆　开创历史辉煌
——记中国丝绸档案馆征集工作五年征程

丝绸是中国古文明之一，历史悠久。大量考古发掘工作证实，早在4 700年前，中国太湖流域的养蚕、取丝、织红被誉为"世界上原始农业时期最伟大创造"。太湖流域的苏州可谓是闻名海内外的丝绸之乡。苏州的历史与丝绸的历史相始终，苏州的发展也随着丝绸业的发展而发展，现存许多与丝绸相关的各个时期的历史印迹，是苏州作为历史文化名城所不可分割的一部分，它们记载着苏州丝绸产业曾经的辉煌和衰亡。

社会在进步，城市在不断发展，基于社会转型和政府管理体制改革的需要，2008年，全国首家管理改制企业档案的事业单位——苏州市工商档案管理中心（简称"中心"）成立。中心抢救性接收了苏州市1 000多家市属国有（集体）企业的档案200余万卷，其中29 592卷"近现代中国苏州丝绸档案"，既是100多年苏州丝绸产业工艺技术和历史的珍贵记录，又见证了中国现代工业成长和一个多世纪的东西方商贸交流。在国家提出"一带一路"倡议，推进"一带一路"建设的契机下，中心着眼于全国丝绸行业，扛起了中国丝绸档案传承、保护与利用的重任。2013年7月，国家档案局批复同意中心加挂"中国丝绸档案馆"牌子；2015年12月，国务院办公厅批复同意中心加挂"苏州中国丝绸档案馆"牌子。国内首家专业的丝绸档案馆，同时也是全国地市级城市唯一一家"中"字头的档案馆就此落户苏州。

中国丝绸档案馆工作任重而道远。5年来，为满足馆藏档案的需要，中国丝绸档案馆全面进行丝绸档案征集，并且加强丝绸档案文化的宣传，以宣传促征集，提升档案馆的地位及影响，分别于2016年5月、2017年10月凭借中心馆藏近3万卷的苏州丝绸档案先后成功入选《世界记忆亚太地区名录》《世界记忆名录》。这两项名录填补了苏州在世界文献遗产领域的空白，让古城苏州的世界遗产家族再添新成员，创造了苏州丝绸历史及中国丝绸历史的新辉煌，促进了东西方丝绸文化的融合与创新，对推进"一带一路"建设有着重大意义。

一、加强档案征集工作，资源建设是基础

档案资源建设是档案事业一项具有根本意义与战略意义的工作，它关系到档案事业能否可持续发展，是做好档案工作的前提和保证。2013年7月中国丝绸档案馆获批建立以来，档案征集工作从未间断。首先是重点联系各地区的丝绸行业协会，通过行业协会征集反映当地历史发展过程的特色丝绸史料及实物；其次是征集各省有关丝绸方面的国家级、省级代表性传承人的作品及个人资料；再者，通过有关丝绸方面的收藏家征集相关的丝绸档案及史料等。截至2018年10月，中国丝绸档案馆对包括北京、上海、湖南、湖北、西藏、新疆等在内的近30个省、自治区和直辖市开展了征集工作，总共征集丝绸档案近2万件，其中包括各地区特色的丝绸档案史料、代表性实物和有关丝绸的国家级非遗大师的代表作品及个人资料等，这些档案极大地丰富了馆藏，并且填补了馆内的多项空白。

二、拓宽档案征集资源，创新合作是关键

对于筹建中的中国丝绸档案馆而言，仅依靠传统的征集模式和自身力量进行档案征集是无法满足档案馆建设和发展的需要的。自2013年以来，中国丝绸档案馆采取继承与创新相结合的方式，积极借鉴传统征集工作的经验，同时跳出档案系统做征集，实施跨界合作。经过积极探索和大胆实践，基本形成了以"渠道宽广、信息丰富、层次简单、科学规范、操作性强"为特色的丝绸档案征集大格

局。同时，为更加顺应新时代的需要，依托网络、媒体，联合丝绸行业协会及全国的专家顾问，加强与合作企业的沟通联系，有效地开展档案保护和传承。截至 2018 年上半年，已与 18 家丝绸方面的企业合作建立了传统丝绸样本档案传承与恢复基地，也与 2 家院校进行了合作。根据合作基地的管理办法，2015 年 8 月，中国丝绸档案馆首次完成了与西藏第六代刺绣传承人米玛次仁合作的唐卡"松赞干布与文成公主"和"文成公主"验收工作；2018 年 6 月，组织专家完成了卢福英刺绣工作室的两项合作项目"江南织造图"及 APEC（亚洲太平洋经济合作组织）服饰的验收工作。另外，2018 年年初、2018 年 6 月分别与苏州大学和北京联合大学签订了丝绸专家口述档案采集项目的协议，目前两个项目正在有序地进行中。

三、规范管理征集档案，为民服务是根本

档案利用是档案管理工作的目的，只有最大限度地利用档案服务大众，档案工作的宗旨才能凸显。2014 年 APEC 会议中，国家领导人穿着的"新中装"就是馆藏档案利用的最好见证。"新中装"面料的图案源自馆藏的宋锦样本，在此样本基础之上加以创新而成。中国丝绸档案馆根据打造顺应新时代的发展、具有新时代内涵的苏州特色档案的目标，进一步规范苏州特色丝绸档案管理工作。鉴于征集档案载体的多样化，中国丝绸档案馆对征集的丝绸档案逐步进行规范化管理：前期对丝绸档案进行初步的整理、熨烫、拍照等一系列工作；针对丝绸档案自身诸多特点，2016 年 12 月拟定了《关于不同载体丝绸档案整理办法》，切实有效地规范档案整理工作，以方便征集档案的后续信息化加工处理，从而有效促进丝绸档案的传承、开发、利用。

四、建立健全征集制度，依法遵规是保障

俗话说：没有规矩，不成方圆。档案征集亦如此。传统的档案征集接收可以根据国家档案局《各级国家档案馆收集档案的规定》进行，而中国丝绸档案馆的丝绸档案却有所不同。对有些价值过高的丝

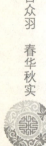

绸实物档案来说，征集工作就存在一定的风险，比如价格的高低、物品的真伪等。这些年来，中国丝绸档案馆一直在不断完善征集的各项规章制度，直至2017年年底《苏州市工商档案管理中心（苏州中国丝绸档案馆）档案史料、实物征集管理办法（试行稿）》形成，其中包括"专家鉴定评估意见表""征集档案史料评估表""征集档案付款申请表"等多项需要书面完成的表格，也明确了征集工作任务、工作程序、征集经费使用规定、征集人员行为规范和责任追究等内容，完善的制度保证了征集工作的有序推进。2013年以来，苏州市政府对中国丝绸档案馆的征集工作给予了大力支持，在档案征集工作上投入经费累计千万余元，为推进中国丝绸档案馆建设提供了强有力的保障。

五、转型档案征集机制，改变思路是关键

当今时代日新月异，许多领域的工作模式发生了彻底的改变，档案征集工作也由此迎来时代的挑战。中国丝绸档案馆作为一家专业档案馆，旨在收集反映各地区各历史时期的丝绸产业发展变迁的丝绸档案资料及实物，以及与丝绸有关的名人的书籍、手稿、照片、录音、录像等。中国丝绸档案馆牢牢把握档案馆馆藏这一关键，从档案馆获批建立之初以征集丝绸实物为主，逐渐过渡到以征集丝绸史料为主，实现了征集转型。2016年以前，档案馆征集了大量各地区的代表性丝绸实物，举办了大大小小的各类展览几十次，在全国范围内颇有影响，中国丝绸档案馆名声渐起。随着征集工作的不断深入，档案征集工作由原先追求数量转变为追求质量，主要征集各地区的特色档案史料及实物。对于一些作品的征集，目前以与丝绸有关的国家级、省级传承人的代表作品为主，截至2018年11月，已征集到近20位与丝绸有关的国家级与省级大师的个人档案资料及代表作品。

六、支撑档案事业发展，培养人才是核心

人才，是事业发展的核心。档案事业是一项永久的事业，必须有

一支高素质的人才队伍。做好档案征集工作，更需要一批专业的档案征集人员。丝绸档案的征集主要面向与丝绸相关的企业、专家、传承人，因此作为一家专业的丝绸档案馆，中国丝绸档案馆的征集人员必须具备专业的丝绸知识，了解相关丝绸历史，才能有针对性地征集有价值的各类丝绸档案。作为新时代的档案工作人员，尤其是专门的丝绸档案工作人员，唯有热爱丝绸事业、熟悉档案业务、善于交际、能吃苦耐劳，具备较强的综合能力，才能使丝绸档案征集工作达到事半功倍的效果，促进丝绸档案馆的事业不断发展。中国丝绸档案馆的领导非常注重人才培养，在2013年到2018年的5年时间里，邀请丝绸、档案学术等方面的专家来馆举办了几十次兰台讲堂，同时还不定期地组织员工外出培训学习。在"一带一路"的大环境下，中国丝绸档案馆的影响日益扩大。2017年，中国丝绸档案馆开始组织英语学习班，定期邀请高等院校的教授进行集中授课，快速有效地提高了工作人员的英语水平，解决了工作中有关丝绸档案的诸多实际性问题。

（作者：周玲凤　原载《档案与建设》2018年第11期）

激活档案资源 赋能产业发展
——开创丝绸特色档案收、管、用新模式

围绕馆藏珍贵的丝绸档案,苏州市工商档案管理中心(简称"中心")积极响应"一带一路"倡议,建立苏州中国丝绸档案馆;成功申报《世界记忆名录》,填补了苏州在文献遗产领域的空白;首创档企合作,助推苏州丝绸产业结构优化升级;开展国际间交流与合作,推动丝绸档案文化走向世界。中心激活档案资源,赋能产业发展,开创了丝绸特色档案收、管、用新模式。

一、失而复得的珍宝

1. 被遗忘的角落

20世纪末21世纪初,国有(集体)产权制度改革如火如荼地进行,改制调动了企业生产经营的积极性,增强了企业的活力,推动了中国经济的发展。

然而在企业改制的过程中,实施改制的组织者、企业主管部门及企业本身,重点关注的是资产清算、处置和职工的安置等与经济效益息息相关的问题,不愿意花费人力和财力对短期来看并没有什么价值的档案进行整理处置,以致出现档案处置工作未按照国家的要求列入企业破产清算内容之中,没有及时通知档案行政管理部门参与档案处置工作,经费得不到保障,档案保管条件恶劣,负责档案管理的人员严重不足,档案安全得不到有效的保障,甚至企业档案被当作废纸卖掉或被盗卖等严重问题,许多档案在企业破产过程中流失。而且在少数档案行政管理部门人员的观念里,改制企业档案工作是较为边缘化

的工作，因此他们在指导、接收等方面也不积极，监管工作不到位，于是出现对一些档案没有采取处置措施甚至不清楚档案具体情况的现象。轰轰烈烈的改制过程中，档案在被遗忘的角落里默默等待着自己的归途。

2. 开创"苏州模式"

企业改制的浪潮同样席卷了苏州。2002年9月，苏州市做出了加快推进市属国有企业产权制度改革的决定，提出了"四到位一基本"的改制标准，即企业改革到位，国有资本调整到位，职工身份置换到位，债权债务处理到位，以及基本建立现代企业制度。至2005年6月，据不完全统计，全市一般竞争性领域的985家市属国有（集体）企业和82家生产经营型事业单位完成了产权制度改革。

苏州在企业改制的过程中同样存在着档案管理的困难，但与其他地区不同的是，苏州市知难而进，建立了全国首家专门管理改制企业档案的事业单位——苏州市工商档案管理中心，比较系统地抢救、整合了改制企事业单位和组织的各类档案。从2005年3月开始，中心对308家改制企业的档案实行统一管理、集中入库。10多辆运输车满载各改制企业的档案运到中心移交入库，持续10个月，总运输量达3 000多车次。中心平均日接收量达5 000多卷，累计集中档案137万卷，为苏州档案事业之前所未有，打了一场漂亮的"档案保卫战"，并由此开创了全国档案系统改制企业档案管理的"苏州模式"。

3. 惊现"镇馆之宝"

虽然中心接收的这批档案卷帙浩繁，但这种抢救式接收注定只能是比较粗放的。当时这些档案都是用麻袋装着的，接收进馆后，中心一直进行着清点、分类、编目、装盒、上架等后续的规范化整理工作，直到2018年2月，这项工作才全部完成。

在工作人员细心的整理过程中，29 592卷丝绸档案脱颖而出。它们源自以苏州东吴丝织厂、苏州光明丝织厂、苏州丝绸印花厂、苏州绸缎炼染厂、苏州丝绸研究所为代表的原市区丝绸系统的众多企事业单位和组织，是19世纪到20世纪末期苏州丝绸产业在技术研发、生

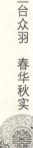

产管理、营销贸易、对外交流过程中直接形成的,由纸质文图和丝绸样本实物组成的,具有保存价值的原始记录。

该组丝绸档案完整地包含了纱、罗、绫、绢、纺、绡、绉、锦、缎、绨、葛、呢、绒、绸十四大类的织造和印花产品样本,并存有丝绸行业织造、炼、染、印等众多工艺和设计档案,拥有大量明清和民国时代丝绸实物档案、中华人民共和国成立初期的绸缎样本、中共十五大至十八大专用红绸、历届广交会(春秋)参展绸缎样本和国外丝绸样本。这些丝绸档案较为完整地反映了苏州市区丝绸产品演变的概貌,比较全面地记载了近现代丝绸发展的轨迹和有关丝绸文化的历史,成为中心当之无愧的"镇馆之宝"!

二、探索丝绸档案收、管、用新模式

(一)乘着新时代的浩荡东风扬帆远航

2012年,苏州市政府下发了《市政府关于印发苏州市丝绸产业振兴发展规划的通知》,提出了"传承发展苏州丝绸品牌,重振苏州丝绸文化的影响力"的战略部署,要求加快产业的整体转型、改造、提升步伐,实现苏州市丝绸产业在市场经济条件下的有效振兴。

2013年,国家主席习近平提出共建"丝绸之路经济带"和"21世纪海上丝绸之路"的倡议,得到国际社会高度关注。此后,"一带一路"不断发展,古老的丝绸之路得以重生。

"一带一路"倡议和苏州丝绸产业振兴发展规划既让古老的丝绸重新散发出迷人的光彩,又为中心馆藏丝绸档案管理指明了新的方向——激活档案资源,赋能产业发展。

(二)艰难的求索之旅

1. 抢救珍贵的丝绸档案

20世纪末,城区经济"退二进三"的发展浪潮使苏州丝绸产业元气大伤,大批丝绸产业破产关闭。随后的十年,是苏州丝绸阵痛的十年,苏州市丝绸、工业等系统的行业主管部门先后被撤除,丝绸产业日趋边缘化。

在这沉默的十年间，中心积极行动，努力抢救原市区丝绸系统的各类档案，其中最引人瞩目的即是29 592卷丝绸档案，它们成了苏州丝绸复兴的珍贵"火种"。

2.建立"中国丝绸品种传承与保护基地"

中心立志充分发挥科研、技术、人才等优势，将全国各地分散保存的丝绸档案汇聚于苏州，对中国丝绸品种进行保护和系统性研究，更好地促进中国茧丝绸行业的稳定发展，于2013年4月成功获批成为全国首家"中国丝绸品种传承与保护基地"。

3.建设"苏州中国丝绸档案馆"

从2013年5月提出建立"中国丝绸档案馆"的建议，到2015年12月最终拿下"苏州中国丝绸档案馆"（简称"中丝馆"）牌子，建设中丝馆成为中心发展历程中一项具有里程碑意义的大手笔。馆藏丝绸档案的收集、管理和利用在中丝馆建设中得到了极大的创新发展。

（1）人才培养和制度建设并举。人才方面，中心组建了中丝馆专家库，已吸纳丝绸业界专家29人，并先后组织召开中丝馆设计方案论证会、中国丝绸档案馆征集实物专家鉴定评估会、中国丝绸档案馆建设专家研讨会等。制度方面，中心起草了《丝绸档案征集专项经费使用方案》《征集档案价值评估标准》等文件，经专家审定后修改完善，成为指导中丝馆工作的规范性文件，保证征集工作的针对性、有效性，在合理、合法、合规的基础上发挥征集经费的最大效能。

（2）建立两个"中心"。为了更好地利用苏州丝绸量大质优的资源优势，充分发挥档案的功能，顺利开展丝绸档案的收集抢救、学术研究、合作开发等工作，积极为丝绸行业转型升级和档案事业的科学发展服务，中心申请建立"江苏省丝绸文化研究中心"和"丝绸档案文化研究中心"，并于2014年9月双双获批，为中丝馆的建设工作锦上添花。

（3）建立档企合作基地。这些丰富的丝绸档案资源是连接过去与未来的桥梁，是找到未来之路的灯塔。在此理念的引领下，中心开创了档企合作这一独具特色的档案收、管、用新模式。截至2018年上半年,中丝馆已与苏州市天翱特种织绣有限公司、苏州工业园区家明织造坊、苏州市锦达丝绸有限公司等18家丝绸企业合作建立了传统丝绸样本档案传承与恢复基地,对宋锦、漳缎、纱罗等传统丝绸品种及其工艺进行恢复、传承和发展,开发了一系列丝绸新产品。

(4) 形成征集大格局。自2013年6月启动征集工作以来,工作人员已赴山东、辽宁等19个省(自治区)和上海、重庆、北京3个直辖市开展征集工作,征集到万余件丝绸实物和史料档案,极大地丰富了馆藏,征集大格局基本形成。

(5) 举办各种丝绸展览。中心充分利用馆藏优秀的丝绸档案资源举办丝绸展览,截至2018年上半年已举办"中国丝绸档案馆馆企合作与征集成果展""中国丝绸档案馆征集成果展""苏州近现代丝绸样本档案展"等各类展览40余次,吸引万余人次参观。

(6) 档案编研成果丰硕。截至2017年,中心已公开出版了《丝绸艺术赏析》《花间晚照——丝绸图案设计的实践与思考》《档案中的丝绸文化》《近现代中国苏州丝绸档案》等书籍,还与全国中文核心期刊《档案与建设》合作开辟"档案中的丝绸文化""苏州丝绸样本档案"专栏,均获好评。研究人员还在《中国档案》《档案与建设》《江苏丝绸》等专业期刊发表丝绸档案相关论文30余篇,并多次获省、市各类奖项。中心组织完成了2个国家级、5个省级、10余个市级项目,多个项目获国家级、省级、市级奖项。

三、一分耕耘,一分收获

经过艰难的求索,中心开创了丝绸特色档案收集、管理和利用的新模式,用档案衔接了企业的过去与未来,照亮了企业的未来之路,将丝绸档案转化为生产力,助推丝绸产业结构优化升级,弘扬互利共赢的丝路精神,取得了经济效益和社会效益的双丰收。

（一）经济效益及影响

1. 档企合作取得阶段性成果

随着档企合作基地的建立，以苏州市天翱特种织绣有限公司、吴江市鼎盛丝绸有限公司等为代表的 8 家丝绸企业共计投入资金约 1 734 万元，在中心提供的馆藏丝绸档案基础上，对宋锦、缂丝、苏绣等传统丝织品进行自主研发。一系列丝绸新产品投入市场，受到消费者广泛好评，年销售额共计约 2 360 万元，净利润约为 420 万元，并呈上升趋势，市场前景看好。

2. 档企合作双赢模式影响深远

档企合作既调动了合作方的积极性，为合作企业获得了可观的经济效益，又使传统的丝绸品种工艺得以传承和发展，为振兴苏州丝绸产业起到了助推作用。

对合作企业来说，借助档案资源进行产品研发，可以降低开发成本，提高生产质量、创新能力和经营效益，并借此树立良好的企业形象和品牌，易于获取更多的经济效益。档企合作基地的建立，促使传统丝绸产业结构优化升级，提高了产业的竞争能力和长远发展的能力，也让更多的消费者重新接触和选择丝绸传统产品，是丝绸企业把握发展主动权、提升竞争力的必然选择。

（二）社会效益及影响

1. 国内影响日趋深远

（1）为档案界树立标杆。不论是成立苏州市工商档案管理中心，还是建立中国丝绸档案馆，都让档案界见识了苏州档案工作的成就。围绕丝绸档案所做的种种创新，被《人民日报》《中国档案报》《江苏经济报》《苏州日报》《姑苏晚报》以及苏州电视台等多家媒体广泛宣传，并由国内多家网站转载，让人们深深记住了苏州档案。苏州档案的影响力正日趋深远。

（2）为苏州丝绸产业复兴做出巨大贡献。曾经辉煌的苏州丝绸产业也曾一度衰落，一些古老的丝绸品种和精湛的丝绸织造技艺逐渐失传或濒临失传。中心馆藏的丝绸档案成为苏州丝绸产业复兴的

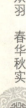

"火种"。美丽的样本结合完整的工艺设计单、意匠图等科技档案，使无声的档案迸发出鲜活的力量。一个个丝绸品种被成功复制，新的丝绸品种被陆续开发出来。

2. 国际影响不断扩大

（1）入选《世界记忆名录》和《世界记忆亚太地区名录》。入选《世界记忆名录》的标准相当高，对文献遗产的完整性、真实性、唯一性和重要性等有着极高的要求。自1997年"中国传统音乐录音档案"入选，截至2017年，中国仅有13项文献遗产入选《世界记忆名录》。中心馆藏的丝绸档案于2017年10月成功入选《世界记忆名录》，受到全世界的瞩目。2016年5月，该档案曾成功入选《世界记忆亚太地区名录》，填补了苏州在世界文献遗产领域的空白。

2018年5月16日在北京举行的企业档案工作国际研讨会上，国际档案理事会主席、澳大利亚国家档案馆馆长大卫·弗里克对苏州丝绸档案给予了积极评价，认为苏州丝绸档案入选世界文献遗产名录对于东西方文化的融合与创新和"一带一路"的推进有着重大意义。丝绸档案的影响可见一斑。

（2）苏州丝绸走向世界。档企合作让苏州丝绸在世界人民面前惊艳亮相。2014年11月，出席APEC会议欢迎晚宴的各国领导人及其配偶身穿的"新中装"采用的宋锦面料，正是通过档企合作，以中心的宋锦样本档案为蓝本，经过技术革新研发出来的。这次合作让神奇的宋锦技艺走出了档案库房，赢得了世界人民的赞赏。2015年世乒赛颁奖礼仪服装和纪念中国人民抗日战争暨世界反法西斯战争胜利70周年大阅兵上使用的福袋均源自宋锦，苏州丝绸逐渐走向世界。

（3）国际交流合作影响深远。2017年5月，由国家档案局、俄罗斯联邦档案署主办的"中俄'丝路'历史档案展"在苏州开展，展现了"丝绸之路"纽带两端的中俄交往历史，响应了"一带一路"倡议，弘扬了互利共赢的丝路精神。中心还在斯洛伐克、法国、德国、捷克、芬兰、丹麦等多国举办丝绸档案展览，呈现我国优秀的丝绸传统技艺，唤醒人们对中国传统丝绸文化的历史记忆，让越来越多的人关注丝绸的未来，为振兴中国丝绸做出贡献。

漫漫求索路，喜忧伴归途。酸甜苦辣中，中心收获累累硕果，获批中丝馆，入选《世界记忆名录》，等等，这些都是至高的荣耀。然而这些并不是终点，而是新的起点。"雄关漫道真如铁，而今迈步从头越"，在求实奋进中勇于创新，未来，中心能走得更远！

（作者：栾清照　陈鑫　原载《档案与建设》2018年第11期）

传承篇

世界记忆项目苏州学术中心职能定位与实践路径

一、世界记忆项目学术中心的建设

世界记忆项目学术中心是世界记忆项目的延伸,该学术中心的建立旨在提升已入选联合国教科文组织世界记忆项目的文献遗产的认知度和影响力,进一步促进入选文献遗产价值的再挖掘及其保护、研究和利用工作,从而有效解决社会公众对文献遗产保护和利用的关注力度相对不足的问题。

2013年在韩国光州召开的第十一届联合国教科文组织世界记忆项目国际咨询委员会会议上,教育和研究分委会提出了建立世界记忆项目学术中心的建议。《世界记忆项目学术中心三级(国际、区域、国家)建设规划提案》作为《教育和研究分委会2013—2015年年度运行报告》的部分内容,在阿布扎比举行的第十二届国际咨询委员会会议上通过,且该提案作为联合国教科文组织执行局第191次大会临时议程的内容之一,得到联合国教科文组织总干事及秘书处的批准和通过。至此,世界记忆项目学术中心开始筹建。

在国际、区域、国家三级世界记忆项目学术中心建设中,国际级学术中心由世界记忆项目国际咨询委员会教育和研究分委会着手开展,区域级学术中心的建设工作还未开展,国家级学术中心由世界各国单独建设。截至2018年年底,世界范围内一共设立了5家国家级学术中心。2016年11月21日,在中国澳门城市大学建立首家世界记忆项目学术中心——世界记忆项目澳门学术中心。澳门学术中心成

立后，在澳门及邻近地区大力推广世界记忆项目，为世界记忆项目在亚洲的传播和发展发挥了重要作用。2017年7月11日，世界记忆项目北京学术中心在北京成立；2018年6月2日，世界记忆项目韩国学术中心在韩国国家振兴学院成立；2018年11月6日，世界记忆项目福建学术中心揭牌；2018年11月10日，世界记忆项目苏州学术中心揭牌。

二、世界记忆项目苏州学术中心的基本职能定位

2017年10月，"近现代中国苏州丝绸档案"成功入选联合国教科文组织《世界记忆名录》。为进一步提高人们对文献遗产保护重要性和必要性的认识，促进不同地区、不同部门、不同行业间的跨界合作，并扩大苏州城市的知名度和影响力，为地方档案事业发展赢得强大助力，苏州档案部门积极与国家档案局及联合国教科文组织世界记忆项目教育和研究分委会进行沟通，建议在苏州建立世界记忆项目苏州学术中心。

世界记忆项目苏州学术中心的基本职能定位主要包括6个方面。一是支持世界记忆项目，协助世界记忆项目中国国家委员会和世界记忆项目国际咨询委员会教育和研究分委会的工作。二是协助举办世界记忆项目研讨会、讲座、展览、培训等，与其他中心合作推广世界记忆项目成果。三是加强对苏州档案文献遗产的保护研究，为档案文献遗产的保护、开发、利用提供实践范例。四是组织开展世界记忆项目进校园等活动，开发世界记忆项目及苏州文献遗产相关课程，提高学生们对世界记忆项目及苏州文献遗产的认识。五是建立世界记忆项目志愿者队伍，宣传世界记忆项目，提升全社会的文献遗产保护意识。六是发挥苏州地区档案文献遗产与世界文化、自然遗产以及非物质文化遗产项目的协同作用。

三、世界记忆项目苏州学术中心的实践路径

世界记忆项目苏州学术中心致力于档案文献遗产的保护、宣传和

利用工作，希望让公众更多了解苏州历史档案文献乃至全国、全世界的其他优秀文献遗产，为苏州、中国、世界的记忆传承做出贡献。

1. 建设苏州中国丝绸档案馆

苏州中国丝档案馆从2013年起筹建，建筑面积为8 715平方米，2018年11月10日开工奠基，预计2020年建成，将成为集收藏、保护、利用、研究、展示、教育、宣传等功能于一体，具有行业特色的一流档案馆。苏州学术中心将依托苏州中国丝绸档案馆的资源优势，开展丝绸档案的收集抢救、学术研究、合作开发等，进一步促进文献遗产的保护工作。苏州市政府高度重视并大力支持苏州中国丝绸档案馆的建设，2015年至2017年间累计拨款约1 000万元，专门用于丝绸档案的征集、研究、鉴定，并针对丝绸档案展览及相关会议宣传等拨款500余万元。如此大力度的财政支持对于地方档案部门来说实属罕见。

2. 建立档企合作基地

档企合作基地是独具特色的档案开发利用模式。截至2018年年底，苏州中国丝绸档案馆已与18家丝绸企业合作建立了传统丝绸样本档案传承与恢复基地。随着档企合作基地的建立，曾经被束之高阁的丝绸档案迸发出强大的活力，一个个丝绸品种被成功复制，一些新的丝绸品种被陆续开发出来，一系列丝绸新品投入市场，受到消费者广泛好评，经济效益、社会效益十分明显。

3. 开展世界记忆项目进校园活动

苏州市工商档案管理中心（简称"中心"）紧紧围绕"弘扬优秀丝绸文化、保护档案文献遗产"的主题，在深入挖掘丝绸文化价值、提升档案意识的基础上，寻找与学校教育的契合点。2018年4月，中心走进苏州景范中学举办丝绸展览，向青少年介绍丝绸种类和工艺技术、世界非物质文化遗产等。2018年11月，走进苏州第十中学开展世界记忆项目进校园系列活动，建立了世界记忆项目进校园实践基地、档案文献遗产保护志愿者队伍。中心还编写了一套《档案伴我成长》读本，该套读本共12册，介绍了世界记忆工程、我国珍贵的档案文献遗产和苏州丝绸历史文化等。下一步，中心将继续加大与学校的合作，将档案文献遗产保护意识融入学生的思想，真正发挥档案的育人作用。

4. 开展国际档案工作交流

为进一步加强国际档案工作交流，充分利用馆藏档案资源优势，苏州档案部门已经与斯洛伐克、法国、德国、捷克、芬兰、丹麦等国合作举办丝绸档案文化展览，宣传中国传统丝绸文化，助力"一带一路"建设。

5. 组织召开国际学术研讨会

中心积极组织召开国际学术研讨会，研讨交流文献遗产的抢救、保护、研究与开发。2016年，组织承办了"世界记忆项目与档案事业发展主题研讨会"，联合国教科文组织世界记忆项目国际咨询委员会的专家、国内知名院校教授等参加了会议，与会专家学者深入交流研讨了丝绸档案、工业文化遗产保护、档案事业发展及世界记忆项目在全球的开展等情况。2017年，组织承办了中俄档案合作分委会第一次会议暨大数据时代中俄档案工作研讨会，会议期间展出了中俄"丝路"历史档案展。今后，中心将依托世界记忆项目苏州学术中心这一平台，积极组织国际学术研讨会，不断为世界记忆项目在中国的发展做出新贡献。

苏州丝绸档案成功入选《世界记忆名录》的后续效应正在逐步显现，世界记忆项目苏州学术中心的建立将成为推动苏州丝绸档案走向世界的第一步。中心始终秉承"创新、协调、绿色、开放、共享"的理念，欢迎国内外的研究机构、专家学者研究苏州丝绸档案、宣传苏州丝绸档案，一同践行《联合国教科文组织宪章》所规定的保护和保管世界文化遗产的重任。

（作者：吴芳　卜鉴民　原载《中国档案报》2019年2月18日）

世界记忆工程背景下的苏州丝绸档案

2016年5月19日,苏州丝绸档案成功入选联合国教科文组织《世界记忆亚太地区名录》。这是国内目前唯一一组由地市级档案部门单独申报成功的档案文献。该组档案共29 592卷,主要包括生产管理档案、技术科研档案、营销贸易档案和产品实物档案等,是现今我国乃至世界保存数量最多、内容最完整也最系统的丝绸档案。这批档案记录了中国丝绸工业的进程及东西方的贸易,具有非常大的价值。

世界记忆工程于1995年进入中国,迄今已有20多年。这20多年,也是中国地方档案事业高速发展的阶段。在此背景下,这组反映了丝绸之路文明的苏州丝绸档案经历了抢救、发掘、利用等过程,积极抢抓"一带一路"倡议的历史机遇,主动融入世界记忆工程,最终涅槃成为苏州时代记忆、亚太记忆。

一、夯实基础,全面增强档案创新供给力

苏州市工商档案管理中心(简称"中心")集中保管了苏州市区转制、破产、关闭的国有(集体)企事业单位,涵盖25个行业、581个全宗的200多万卷档案。这是一座苏州民族工商业的宝库,中心坚决不能将宝贵档案束之高阁,捧着金饭碗讨饭。

1. 抢救珍贵丝绸档案

2012年,苏州市政府出台丝绸产业振兴发展规划,积极推进传统丝绸产业的转型发展。2013年,中国提出共建"一带一路"的倡

议。基于这样的背景，中心从馆藏档案中抢救性地整理出29 592卷苏州丝绸档案。

这批档案完整包含了纱、罗、绫、绢、纺、绡、绉、锦、缎、绨、葛、呢、绒、绸十四大类的织造印花产品样本档案和技术工艺、营销等档案，如今已是中心的"镇馆之宝"，是苏州丝绸复兴的珍贵"火种"。

2. 建立中国丝绸品种传承与保护基地

面对种类丰富的丝绸档案资源，中心没有故步自封，而是专心致力于对中国丝绸品种进行保护和系统性研究，更好地促进和服务于中国茧丝绸行业的稳定发展。中心通过中国丝绸协会申报建立中国丝绸品种传承与保护基地，并于2013年4月成功获批全国首家"中国丝绸品种传承与保护基地"，截至2016年年底，已建立14家合作基地。与西藏基地合作的丝绸唐卡"松赞干布与文成公主"融合了丝绸文化和藏族文化，进一步增进了汉藏两族人民亲密、友好、合作的关系。在合作基地里，中心创新了一种档企合作的档案开发利用新模式。在这一模式下，合力"复活"的"新宋锦"相继被选为2014年APEC（亚洲太平洋经济合作组织）晚宴各国领导人"新中装"面料和2015年世乒赛礼服、"93阅兵"天安门主席台福袋的面料。档企合作的建立使传统丝绸品种工艺得以传承和发展，为企业带来了2 000多万元的经济效益，为苏州丝绸产业复兴和丝绸文化传承做出了积极的贡献。

3. 筹建中国丝绸档案馆

为了给丝绸档案找一个更加安全、更高规格的保存和开发平台，全国首家丝绸专业档案馆——苏州中国丝绸档案馆从2013年起筹建，并分别于2013年7月经国家档案局批准、2015年12月经国务院办公厅批准落户苏州，目前已选定馆址，其馆藏核心就是29 592卷近现代中国苏州丝绸档案，以及50余万卷与丝绸相关的各种门类档案。围绕中丝馆建设，中心做了大量工作，丝绸档案在此过程中得到了很好的开发利用：组建了中国丝绸档案馆专家库，目前已吸纳包括中国文物学会纺织文物专业委员会会长王亚蓉、故宫博物院研究员苑洪琪等在内的丝绸业界专家共计25人；从全国征集了近2万件珍贵丝绸档案，并在2015—2017年3年间获得政府约1 000万元征集资金支持；起草了《丝绸档案征集专项经费使用方案》《征集档案价值评估标准》等文件，成为指导中国丝绸档案馆相关工作的规范性文件；建立了"江苏省丝绸文化研究中心"和"丝绸档案文化研究中心"，为丝绸行业转型升级和档案事业的科学发展集思广益。

二、抢抓机遇，主动融入国家"一带一路"建设

苏州市丝绸产业振兴发展规划和国家"一带一路"倡议给了苏州丝绸重获新生的机会。中心充分挖掘丝绸在"一带一路"建设中的文化交流内涵，积极推动传统丝绸文化的传承与创新，助力"一带一路"建设。

1. 推动丝绸档案申遗

2016年，中心积极争取国家档案局支持，将这批苏州丝绸档案申报联合国教科文组织《世界记忆亚太地区名录》。作为唯一一组以丝织品实物为主要载体的档案资料，苏州丝绸档案一举成功入选《世界记忆亚太地区名录》，也是国内目前唯一一组由地市级档案馆单独申报并成功入选的档案文献，具有很高的政治、经济、文化等影响。该名录甄选的标准十分严格，对完整性、真实性、唯一性和重要性等有着极高的要求，截至2016年5月，中国仅有10件文献遗产入选《世界记忆亚太地区名录》。该组档案还全力申报《世界记忆名录》，2017年3月已通过初审。

2. 积极承办各类国际档案会议、展览

为进一步扩大苏州丝绸和丝绸档案在国际上的影响力，中心积极承办各类国际档案会议及展览：2016年11月，成功承办了"世界记忆项目与档案事业发展主题研讨会"，为丝绸档案申遗打下良好基础；2017年5月，成功承办了"中俄档案合作分委会第一次会议暨'大数据时代'档案工作研讨会"，会议期间配套展览了"中俄'丝路'历史档案展"，进一步发挥了档案在弘扬丝路精神、助推"一带

一路"建设中的影响力,提升了苏州档案国际形象;2016年9月、10月,分别在斯洛伐克、法国巴黎举办了"中国苏州丝绸档案精品展";2017年6月,先后在德国弗莱堡孔子学院、捷克布拉格中欧政经学院举办展览。在孔子学院的展览作为"一带一路"档案展苏州巡回展首次走出国门,获得了孔子学院师生的热烈反响,孔子学院向苏州丝绸档案馆表达了合作意向。苏州丝绸档案已逐步从深闺走向世界。

三、开放包容,推动档案事业繁荣发展

建设世界记忆工程的目的是唤起人们对世界范围内濒危、散失或正在遭受厄运的文献遗产的关注。中心正是在此宗旨下,通过苏州丝绸档案申遗,不断把档案事业发展融入经济社会发展、公共文化服务、社会事务服务、对外合作交流等,使档案的开放性和包容度更强、更广。近年来,中心获得了《人民日报》《中国档案报》等主流媒体、网站的广泛报道,公众和社会对档案事业的关注越来越高。

1. 举办各类丝绸档案展览

中心充分利用馆藏优秀的丝绸档案资源,珍惜一切机会,采用独自办展、联合办展、固定展、流动展、临时展等不同方式,展出各类丝绸档案。截至2016年年底,已举办"苏州丝绸工艺档案珍品展""中国丝绸档案馆馆企合作与征集成果展""苏州近现代丝绸样本档案展"等各类展览30余次,吸引数十万人次参观。2015年和2016年还参加了苏州创博会,举办了"中国非遗展"和"苏州中国丝绸档案馆国礼展",获得参观领导和群众的一致好评,给观众留下了深刻的印象。中心还借助"6·9国际档案日""苏州档案日"等平台,推出档案开放日、档案文化进校园等活动,宣传和弘扬丝绸和丝绸档案文化,进一步拉近公众和档案之间的距离,提高社会档案意识。

2. 积极开展档案编研

中心公开出版了《丝绸艺术赏析》《花间晚照——丝绸图案设计的实践与思考》《档案中的丝绸文化》等书籍,与中国期刊方阵"双效期刊"、全国中文核心期刊《档案与建设》合作开辟"档案中的丝绸文

化""苏州丝绸样本档案"专栏,均获好评。中心研究人员还在《中国档案》《档案学研究》《档案与建设》《江苏丝绸》等专业期刊发表丝绸档案相关论文和研究报告共计30余篇,并多次获省、市各类奖项。

3. 不断提升科研能力

近年来,中心立足丝绸档案,积极开展科技创新,组织申报了近20个科研项目,其中国家级项目2个、省级项目3个、市级项目13个,国家级、省级项目均已完成并结题。"丝绸样本档案纳米技术保护研究及应用"项目分别获国家档案优秀科技成果三等奖、江苏省档案优秀科技成果一等奖,"宋锦样本档案工艺传承与产业化开发研究"项目获江苏省档案局优秀科技项目一等奖,另有项目获苏州市科协软课题优秀项目奖、苏州市首届"社科应用研究精品工程"优秀成果奖等。

4. 注重发挥档案社会宣传教育功能

中心依托爱国主义教育基地、社会实践基地等平台,开展学生实习实践、档案文化进校园等活动,进一步宣传、普及档案知识,提高社会档案意识。中心档案微信公众号总点击量达到10 953人次,在全国微信号排行榜最高获得第11名,为民服务能力进一步加强。

5. 营造开放的人才成长环境

事业发展,关键在人。中心十分注重档案人才培养,近年来已有5人获得高级职称,3人入选江苏省档案人才"151工程",其中有年仅33岁的同志破格获评副高职称。中心与中国人民大学签订战略合作协议,开展多方面的学术和培训合作,构筑档案工作学术研究领域的新起点。

丝绸作为古丝绸之路的媒介,架起了中西方文明交流的桥梁。今天,苏州的丝绸档案在档案人的共同努力下,唤起了不同文化人群的共同记忆,助力国家"一带一路"建设。我们相信,在世界记忆工程的推动下,会有越来越多的人关注、保护档案文献遗产,档案事业会在越来越多的领域助力国家建设。

(作者:吴芳 吴飞 原载《档案与建设》2017年第9期)

近现代苏州丝绸样本档案

2016年5月19日，联合国教科文组织世界记忆工程亚太地区委员会（MOWCAP）第七次全体会议在越南顺化举行。苏州市工商档案管理中心（简称"中心"）申报的"近现代苏州丝绸样本档案"成功入选《世界记忆亚太地区名录》，成为我国继《本草纲目》《黄帝内经》"元代西藏官方档案"之后又一入选《世界记忆亚太地区名录》的档案文献，也是国内目前唯一一组由地市级档案馆单独申报并成功入选的档案文献。此前，该档案曾入选《中国档案文献遗产名录》。

该档案是20世纪末国有（集体）产权制度改革时，中心抢救而来。如今这批足以彰显近现代国内传统织造业璀璨历史的珍贵档案资源已成为中心的"镇馆之宝"。

该档案源自苏州东吴丝织厂、苏州丝绸印花厂、苏州丝绸研究所等为代表的原苏州市区丝绸系统的41家企事业单位和组织，是19世纪至20世纪末这些丝绸企业和组织在技术研发、生产管理、营销贸易、对外交流过程中直接形成的，由纸质文字、图案、图表和丝绸样本实物等不同形式组成的，具有保存价值的原始记录。该档案共29 592卷，主要包括生产管理档案、技术科研档案、营销贸易档案和产品实物档案等，是现今我国乃至世界保存数量最多、内容最完整、最系统的丝绸档案，它既是一百多年苏州丝绸产业工艺技术和历史的珍贵记录，又是中国现代工业成长和一个多世纪的东西方商贸交流的见证。

一、完整的十四大类丝绸样本档案

丝织品依据组织结构、原料、工艺、外观及用途分成纱、罗、绫、绢、纺、绡、绉、锦、缎、绨、葛、呢、绒、绸十四大类,中心馆藏的丝绸样本档案完整地包含了这十四大类织花和印花样本,每一类都有自己独特的组织结构和工艺特点。

纱,全部或部分采用纱组织,绸面呈现清晰纱孔。轻盈飘逸的纱犹如美丽婀娜的少女,迎着春风款款而来,西施浣纱的景象不由得映入眼帘。

缎,缎纹组织,外观平滑光亮。富丽堂皇的缎宛若富贵端庄的妇人,高贵而不失典雅。

锦,缎纹、斜纹等组织,经纬无捻或弱捻,色织提花。精致华美的锦仿佛儒雅稳重的官者,华贵中彰显威严。

绢,平纹或平纹变化组织,熟织或色织套染,绸面细密平挺。坚韧挺括的绢好似活泼俏皮的孩子,顽皮中透着无限活力。

十四大类丝绸的特征无法一一列举,然而柔滑绚丽的绸、轻柔飘逸的纺、富有弹性的绉带给我们的美好感受会慢慢沁入心底,在内心最深处激荡。凉艳纱、古香缎、风华锦、吟梅绢,这些如烟似水、摇曳多姿的丝绸让人深深陶醉。

二、迷人的特色档案

宋锦,指宋代发展起来的织锦,质地坚柔轻薄,与蜀锦、云锦并称为"三大名锦"。宋锦的主要产地在苏州,后世称其为"苏州宋锦"。苏州宋锦兴起于宋代,繁盛于明清,它的繁荣带动了整个苏州地区经济的发展。直至20世纪80年代,传统宋锦濒临失传,其价值愈加凸显。2006年,宋锦被列入第一批国家级非物质文化遗产名录,2009年,又被列入世界非物质文化遗产。中心有一块异常珍贵的明代宋锦残片,名为"米黄色地万字双鸾团龙纹宋锦"。龙纹在古代通常由皇家专享,可见这块残片极有可能原本用于宫廷的装饰。残片虽

已残破暗淡，但上面的金色丝线仍闪闪发光，原来它们竟然是由真金制成的，难怪经过漫长的岁月，依旧散发着夺目的光彩。

塔夫绸，法文"taffetas"的音译，含有"平纹织物"之意，是一种以平纹组织织制的熟织高档丝织品，20世纪20年代起源于法国，后传至中国，主要产地是苏州与杭州。苏州东吴丝织厂生产的塔夫绸最负盛名，绸面细洁、质地坚牢、轻薄挺括、光泽柔和，是塔夫绸中的精品，拥有"塔王"的称号。1981年，英国查尔斯王子和戴安娜王妃的世纪婚礼上，王妃穿着的7.6米超长裙摆的拖地长裙给人们留下了深刻的印象。这件婚礼服所用的丝绸面料，正是苏州东吴丝织厂生产的塔夫绸。这些承载了无上荣誉的真丝塔夫绸的相关档案被完好地保存在中心的库房中。

漳缎是采用漳绒的织造方法，按云锦的花纹图案织成的缎地绒花织物，外观缎地紧密肥亮，绒花饱满缜密，质地挺括厚实，花纹立体感极强。漳绒源自福建漳州，清初聪慧细腻的苏州人将漳绒改进创新，发明了风格独特的漳缎。漳缎一经问世，就得到了皇室的喜爱，此后皇室贵族及文武百官的服饰多以漳缎为主要面料。2014年11月北京APEC（亚洲太平洋经济合作组织）会议上，亚太国家女领导人和领导人女配偶服装的装饰采用的就是漳缎。此外，漳缎还用作高档陈设及桌椅套垫面料。现今，苏州漳缎织造技艺已经列入江苏省非物质文化遗产名录。中心馆藏的漳缎有宝蓝喜字镶金漳缎、咖啡色团花纹漳缎、紫色地扇形葫芦纹彩色漳缎等，而馆藏更珍贵的是24件漳缎祖本。这些祖本主要出自20世纪60年代，大多由2~3种颜色的粗线编制而成，部分粗线略有褪色。看着这些祖本，你很难想象它们与华丽的漳缎有何联系。其实祖本相当于织物的遗传密码，业内称作丝绸产品的"种子花"，是我国古代丝织提花生产过程中产生的第一本花本，又叫母本。有了祖本，就好似有了复制用的模本，可以复制出许多花本，因此这些祖本是非常珍贵的研究漳缎工艺的实物档案。

像锦织物，丝织人像和丝织风景的总称，以人物、风景或名人字画、摄影作品为纹样，采用提花织锦工艺技术，一般由桑蚕丝和人造丝交织而成,是供装饰和欣赏用的丝织工艺品,分为黑白像锦和彩色像锦两大类。中心馆藏700余件像锦织物,既有以苏州园林为题材的风景像锦织物,又有马克思、恩格斯等伟人和国家领袖等人物像锦,内容多样,形象逼真,具有极高的艺术价值。

三、神秘的科技档案

美轮美奂的丝绸样本深深吸引着世人的眼球,同样惹人瞩目的还有许多神秘的科技档案,包括丝织品工艺设计书、订货单和意匠图等。

丝织品工艺设计书上详细记载了丝绸的品种规格、工艺程序、产品特征等信息,工艺程序中又按步骤记录下详细的过程及每个步骤的注意事项,对今后复制或开发生产同类产品具有极大的参考价值。一些新产品还会有新品开发材料及投产工艺设计资料,包括开发任务书、可行性分析报告、试制报告、检验报告等非常完备的科研档案。

丝绸订货单上清晰列出了丝绸的品号、品名、花色号、订货对象、数量、生产单位等,其中不乏许多销往国外的丝绸。前文提到的戴安娜王妃的婚礼服布料的英文订货单原件就完整地保存在中心的库房中,上面清楚地写着:苏州东吴丝织厂生产的水榭牌深青莲色塔夫绸,订货数量是14匹420码。大量的订货单记录了苏州丝绸远销全球的历史,表明了丝绸在东西方交流中发挥的重要作用。如今,中国人民用"一带一路"搭建起中国梦与世界梦息息相通的桥梁。古老的丝绸从历史深处走来,融通古今,连接中外,将再次见证中外人民的深厚情谊。

意匠图是另一类重要且极富特色的科技档案,在丝织过程中起着承上启下的作用。把不同的图案纹样织制到丝织物上,需要根据图案纹样结合织物的组织结构将不同的图案纹样放大,绘制在一定规格的格子纸上,这种格子纸称为意匠图纸,格子纸上的图纹统称意匠图。笔者第一次看到馆藏的意匠图,内心有一种莫名的感动,不同规格的意匠图纸上画着各式美丽的图案,密密麻麻的方格里填涂着不同的色彩，光是涂满那些格子就不知需要花费多少时间和精力。有了意匠图，瑰丽秀美的图案花型才得以织造出来。

　　了解了苏州丝绸档案的故事，便愈加感到它们的珍贵，档案部门用实际行动保护、传承着丝绸文化。目前中心已与多家丝绸企业开展了多领域合作，对传统丝绸品种进行抢救、保护和开发利用。国内首家专业的丝绸档案馆——苏州中国丝绸档案馆也在苏州启动建设，为更好地保护这批丝绸档案、传承和弘扬丝绸文化提供了基础和平台。

　　入选《世界记忆亚太地区名录》只是前行路上的又一个起点，希望通过档案人和社会各界的努力，使这批苏州丝绸档案绽放出姹紫嫣红的花朵，让中华民族最美丽的发明永远焕发着绚烂的色彩！

　　（作者：栾清照　陈鑫　原载《中国档案》2016年第6期）

纸间的咏叹调
——记苏州丝绸档案成功推荐入选《世界记忆名录》

2017年10月30日,一个令人振奋的消息从海外传来——"近现代中国苏州丝绸档案"成功推荐入选《世界记忆名录》。这是档案部门贯彻"一带一路"倡议的重要成果,是苏州档案文献保护领域取得的国际殊荣,该档案也是目前全国唯一由地市级档案部门单独申报《世界记忆名录》并入选的档案文献。

回顾期间的过往,数年来一步一步的摸索、一点一滴的成果,犹如一曲曲咏叹调,萦绕纸间……

第一曲 你们可知道

苏州是"丝绸之府",温婉的江南小城与烟一样轻软、水一样细腻的丝绸完美地融合在一起。而令人为之骄傲的是,苏州市工商档案管理中心(简称"中心")珍藏着的29 592卷"近现代中国苏州丝绸档案",她是现今我国乃至世界保存数量最多、内容最完整也最系统的丝绸档案。

丝织品依据组织结构、原料、工艺、外观及用途,可分为纱、罗、绫、绢等十四大类。轻盈飘逸的纱犹如美丽婀娜的少女,迎着春风款款而来;富丽堂皇的缎宛若富贵端庄的贵妇,华丽而不失庄重;质地坚柔的锦仿佛儒雅的官者,稳健中彰显威严……丝绸带给我们的美好感受会慢慢沁入心底,令人陶醉。

在馆藏的丝绸档案中,有的闪烁着格外耀眼的光芒,集中展现了苏州丝绸的韵味。中心珍藏的"米黄色地万字双鸾团龙纹宋锦"是明代宋锦残片,虽已残破暗淡,但上面由真金制成的金色丝线历经漫长岁月依旧散发着夺目的光彩。

塔夫绸,一种高档丝织品,起源于法国,后传至中国。苏州东吴丝织厂生产的塔夫绸最负盛名,被誉为"塔王"。1981年,英国查尔斯王子婚礼服所用的丝绸面料正是东吴丝织厂生产的塔夫绸,当时的订单、产品样本等档案资料均被完好保存。

漳缎是17世纪苏州人对漳绒改进创新所发明的。中心馆藏的漳缎花样繁多,其中最为珍贵的是24件漳缎祖本。这些祖本主要形成于20世纪五六十年代,被业内称作丝绸产品的"种子花",是中国古代丝织提花生产过程中产生的第一本花本,又叫母本,是非常珍贵的研究漳缎工艺的实物档案。

比丝绸样本档案更为引人瞩目的是丝绸科技档案,其中包括丝织品工艺设计书、订货单和意匠图等。丝织品工艺设计书上详细记载了丝绸的品种规格、工艺程序、产品特征等信息,对今后恢复或开发生产同类产品具有极大的参考价值。丝绸订货单上清晰列出了丝绸的品号、品名、花色号、订货对象、数量、生产单位等,其中不乏许多国外的丝绸订货单。

第二曲　乘着金色的翅膀

2012年,苏州市政府下发了《市政府关于印发苏州市丝绸产业振兴发展规划的通知》,为馆藏丝绸档案的前景指明了新方向;2013年,国家主席习近平提出了共建"一带一路"的倡议。乘着这股东风,苏州丝绸档案脱颖而出、熠熠生辉,被越来越多的人关注。在欣喜的同时,中心人员也不禁自问:这批丝绸档案的价值档案人真的了解透彻了吗?"近现代中国苏州丝绸档案"体现的是当时中国乃至世界丝织产品的最高工艺水平,也从一个侧面折射出了近现代中国各阶段的丝绸文化与社会政治经济和人民生活之间的密切关系,它所蕴含的价值值得档案人深入挖掘。

1. 勾勒繁荣景象的经济价值

这批丝绸档案中，出口国外的部分丝绸样本及订货单展示了20世纪中期至末期中国专为外销设计、生产并输出到世界各地的丝织品。从中可以看出，当时中国丝绸的生产、销售不断创下历史新高，仅苏州东吴丝织厂1981年1月至7月份就生产了11.7万米的塔夫绸，并被客户争购一空，其所带来的经济效益由此可见一斑。

2. 行走于中西方的国际价值

自苏州推进"丝绸档案+"档案资源开发利用新模式后，中心与各地丝绸企业跨界融合，使档案走出深闺，在国际上再次焕发生机。正如2016年《世界记忆亚太地区名录》评审会专家、塔吉克斯坦代表、国际咨询委员会委员阿拉女士说："这是很有意思的一组档案，收集了各种丝绸品种，这是拥有国际性价值的遗产。"

3. 连接古今文明的文化价值

这批丝绸档案上所凝聚的精美纹样，充分展现了丝绸的文化价值。蝙蝠代表"福"，桃子表示"寿"，牡丹寓意"富贵"，这些吉祥纹样在丝绸档案中屡见不鲜，体现出纳吉祈福的传统文化思想。此外，在外销丝绸产品中，其品种、花样等往往根据不同出口国家的需要而特殊设计制作，也在一定程度上反映了国际社会文化百余年的发展变迁。

4. 传递情感艺术的美学价值

纹样作为丝绸面料的装饰花纹，是最直观、易辨认的元素。风景古香缎的图案设计，无论是题材内容、排列方法、色彩组合还是绘制技巧都有着较大难度，富含着独有的审美情趣和美学情感。无论是刺绣图案的凹凸有致，还是漳缎织物的缎地起绒，都使丝绸散发出了独特的艺术魅力，提升了丝绸的美学品位。

5. 追忆峥嵘岁月的历史价值

"近现代中国苏州丝绸档案"是在历史发展演变中逐渐积累下来的。清代苏州织造署使用并流传下来的花本，被专家戏称为中华人民共和国成立后苏州所有丝绸厂使用的花本"祖宗"。中华人民共和国

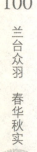

成立后，反映毛主席领袖风采的像锦画得以大量生产。这些花本、像锦织物的相关档案，为研究各个历史阶段丝绸产品演变的轨迹和概貌提供了重要的资料。

6. 奏出时代新声的应用价值

档案的最终价值在于利用，而不是躺在库房里做睡美人。中心提供档案中的丝织品样本和技术资料，借助丝绸企业的专业化研发和生产设备，逐步恢复、创新濒危的传统丝织工艺。馆藏明清宋锦、罗残片已得到不同程度的恢复，漳缎祖本也得以解密，实现了经济效益与社会效益的共赢。

第三曲　今夜无人入睡

申报《世界记忆名录》期间，自工作人员奔赴巴黎起，中心就萦绕着一股淡淡的紧张感。虽然大家对申报有着很大的信心，但未到尘埃落定，谁也不知是否会有变故。大家一遍遍刷新着联合国教科文组织官方网站的信息，身处巴黎的工作人员也一直徘徊在联合国教科文组织总部外，盼望着能第一时间得到消息。终于，在北京时间2017年10月31日凌晨，联合国教科文组织官方网站更新了一则消息：世界记忆工程国际咨询委员会正式向教科文组织总干事推荐了78项候选项目，"近现代中国苏州丝绸档案"赫然在列。

经年努力一朝得偿夙愿，喜悦之情难以言表，媒体报道、各界祝贺纷至沓来。这一路走来，各界的帮助、支持从来不离中心左右。也因此，苏州丝绸档案从2011年12月列入《苏州市珍贵档案文献名录》，仅用6年时间，成功推荐入选《世界记忆名录》，这一路的历程，可以说是披荆斩棘而又一往无前。

最初，中心在城区经济"退二进三"的发展浪潮中抢救接收了一批原市区丝绸系统的各类档案，打了一场漂亮的"档案保卫战"。对这批档案进行整理归档时，工作人员发现这些档案中有一部分质地轻软却格外光彩夺目的丝绸档案。中心领导格外重视，认为这是让苏州丝绸复兴的珍贵"火种"，当即组织人员集中对馆藏的大量苏州民族工商业档案进行梳理、清点及统计，整理出 29 592 卷丝绸档案。这项工作从 2013 年 9 月下旬启动至同年 11 月 20 日完成。短短两个月，完成如此大数量的丝绸档案的清点、统计工作，对大家来说是一个非常大的挑战。全体工作人员迎难而上，加班加点，最终克服了时间紧、人手少、工作量大等困难，完成了这批丝绸档案的清点、摸底，为后期一系列申报工作提供了第一手的数据资料。

这批数量多、覆盖面广的丝绸档案是如此珍贵，为了让更多人了解它，体现它真正的价值，曾任苏州市丝绸博物馆馆长、现任苏州市职业大学丝绸应用研究所所长的李世超建议建设丝绸档案馆。他认为，中国丝绸协会批准"中国丝绸品种传承与保护基地"这一国内首家丝绸品种基地落户苏州，中心又完整保存了数量惊人的丝绸档案，苏州建立中国丝绸档案馆条件充分，也很必要。2015 年 12 月，中心最终拿下了"苏州中国丝绸档案馆"牌子，为后期工作的顺利展开带来了便利。

苏州中国丝绸档案馆的筹建工作如火如荼地进行着。为更多了解丝绸专业知识，中心工作人员开始赴各地参观学习，同时邀请多位丝绸行业专家、学者开展讲座，提供专业指导。全国茧丝绸行业终身成就奖获得者钱小萍女士、中国文物学会纺织文物专业委员会王亚蓉会长、故宫博物院苑洪琪研究员等 29 位国内丝绸专家组建了专家库，为苏州丝绸档案的专业性保护、开发出谋划策。

由于中心最终申报的是世界级记忆名录，在国内打响知名度显然是不够的。苏州丝绸档案在 2016 年成功入选《世界记忆亚太地区名录》后，已具备了一定的国际认知度。同年 11 月，国家档案局主办的"世界记忆项目与档案事业发展"主题研讨会在苏州举行。会上，世界记忆项目国际咨询委员会的专家与国内档案界专家进行了深入的研讨，奠定了成功申报《世界记忆名录》的基础。

中心工作人员还带着苏州丝绸档案中的精品远渡海外，分别在斯洛伐克、法国巴黎、德国弗莱堡孔子学院、捷克布拉格中欧政经学院等地举办展览，让苏州丝绸档案逐步从深闺走向世界。

回顾这几年申报的点滴,说不完道不尽。被江苏省档案局主要领导称赞的苏州"档企合作"开发模式、辐射颇广的"征集大格局"等都是中心在申遗过程中做出的一项项引以为傲的创新举措,既让档案界见识到了苏州档案的风采,也让人们深深记住了这批丝绸档案,苏州丝绸得以逐渐复兴,苏州档案的影响力正日趋深远。但是,申报成功不是终点,而是起点,苏州档案人将以此为契机,在保护与传承丝绸档案上,做得更专业、更成功。

(作者:杨韫 栾清照 原载《江苏经济报》2017年11月28日)

亲历申遗那些事儿
——"近现代中国苏州丝绸档案"入选《世界记忆名录》始末

北京时间2017年10月31日凌晨3点，位于巴黎的世界记忆工程国际咨询委员会向联合国教科文组织总干事推荐的78项候选项目清单在教科文组织官网正式公布，"近现代中国苏州丝绸档案"成功入选《世界记忆名录》。彼时，笔者和同事从巴黎回国还不到3天，依然沉浸在申报的紧张和焦虑之中，听到这样一个来自远方的喜讯，大家一时间激动不已。

"近现代中国苏州丝绸档案"申遗的成功不仅是档案部门贯彻"一带一路"倡议、服务丝绸产业发展、弘扬优秀传统文化的重要成果，也是苏州档案文献保护领域取得的国际殊荣。至此，"近现代中国苏州丝绸档案"是中国开展世界记忆工程以来，唯一由地市级档案部门单独申报并入选的档案文献。苏州也成为国内少有的世界文化遗产、非物质文化遗产及世界文献遗产三大名录齐备的城市。

回头来看，这条申遗之路就像一个编织了5年的梦，在这条艰辛而漫长的道路上，支撑大家一直走下去的就是那颗火热的赤子之心。

一、苏州记忆走出国门

在21世纪初的国企改革浪潮中，苏州顺应时势建立了全国第一家专门管理改制企业档案的部门——苏州市工商档案管理中心（简称"中心"）。彼时，中心抢救性地接收了丝绸、纺织、化工等行业系统的改制企事业单位档案约200万卷，并以此为基础开创了全国档

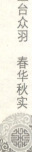

案系统改制企业档案管理的"苏州模式"。

2012年,中心成立满5年。在一次全体工作人员大会上,一位同事提道:"这200多万卷档案是我们的'金饭碗'。我们的特色档案有很多,我们要有一双能发现、会发现的眼睛去挖掘馆藏资源,我们的档案也可以走出国门、走向世界。"

200多万卷档案到底蕴含了怎样的价值?怎么走出国门?带着新的疑问和希望,中心开启了新的征程。

摸清家底才能有的放矢。彼时,面对200多万卷档案,中心工作人员虽然内心很着急,但清点、分类、编目、装盒、上架等整理工作一直在有序地进行。从2013年开始,中心工作人员逐步清点出苏州丝绸档案2.9万多卷,它们分别来自苏州东吴丝织厂、苏州光明丝织厂、苏州丝绸印花厂等,数量大、类别全、地域性强,凝聚着无数丝绸从业者和档案工作者的心血,见证着苏州丝绸业的百年兴衰荣辱史,铭刻着近现代中国传统织造业变迁的历史,也承载着我们档案人走出国门的希望。

至2017年年初,历时10年的"百万档案整理大战"基本结束。除了丝绸档案,中心工作人员还整理出大量与丝绸产品样本相关的技术工艺记录、外销清单等,这些资料在工艺传承、价值发掘和文化传播方面都有独特价值。

二、机会总是留给有准备的人

2011年,"近现代苏州丝绸样本档案"入选《苏州市珍贵档案文献名录》;2012年,苏州市档案局和苏州市工商档案管理中心积极向市委、市政府争取,将丝绸样本档案的抢救、保护和开发利用工作列入市政府《苏州市丝绸产业振兴发展规划》之中;同年,这批丝绸样本档案入选《江苏省珍贵档案文献名录》;2015年,这批丝绸样本档案入选第四批《中国档案文献遗产名录》,随后开始向文献遗产的世界最高荣誉进发。

前后5年间,围绕馆藏丝绸档案,中心做了大量的准备工作,为后续申遗成功打下了坚实的基础。

中心开展了"丝绸样本档案纳米保护研究及应用"项目研究，解决了丝绸样本档案的防腐蚀和抗光氧化问题，还申报了国家档案局科技项目"百年丝绸档案公共数据平台建设"，希望为在建的中国丝绸档案馆开展业务，以及为相关丝绸企业、研究机构和社会公众提供丝绸档案信息服务。

中心还远赴德国、捷克、法国、瑞士等国家多次举办馆藏丝绸档案精品展，出版《近现代中国苏州丝绸档案》《档案中的丝绸文化》《丝绸艺术赏析》等多本编研书籍，承办了"世界记忆项目与档案事业发展"主题研讨会，与优秀丝绸企业共建传统丝绸工艺的传承与保护基地。

柔软曼妙的丝绸曾是中西交流的主要产品，而苏州在很长一段历史时期又是名满天下的"丝绸之府"。彼时的库房里，除了代表当时企业最高机密的产品工艺和科技档案之外，还有苏州人熟知的江南园林风景图样，那些专为外销设计生产的卡通印花，如白雪公主、米老鼠、唐老鸭、泰迪熊等，在当时的中国无疑是时髦前卫的代名词。

为了更好地展示它们的独特魅力，中心组织制作了丝绸档案的宣传片和画册。从近3万卷丝绸档案中挑选1 000多卷最具代表性、最富审美价值的档案，拍摄照片1 966张，最终筛选出200张图片，制作了精美的宣传画册。还与北京电影学院合作，打造了一部时长5分钟的中英文丝绸档案宣传片。该宣传片的拍摄历时3个月，将丝绸档案与古典苏州相结合，讲述了丝绸档案里的中国故事。带着宣传片和画册，带着苏州档案工作者和丝绸工作者的希望，笔者和同事踏上了申报世界记忆遗产的征程。

三、神秘档案出"深闺"

2015年7月，国家档案局推荐"近现代苏州丝绸样本档案"申报《世界记忆亚太地区名录》。自申报工作启动之时，苏州市工商档案管理中心申报工作小组认真对照《世界记忆亚太地区名录》申报文本要求，在国家档案局、丝绸专家以及专业翻译社等的指导和把关下，一遍又一遍地修改打磨中英文申报文本，最终使之符合申报要求。

2016年5月，联合国教科文组织世界记忆亚太地区项目评审会议在越南古城顺化召开，此次会议给笔者和同事提供了一次近距离接触世界记忆项目的机会。当近现代苏州丝绸档案宣传片的背景音乐在会场徐徐响起时，参会专家欣赏着"丝绸之府"苏州的美景，聆听着丝绸与苏州相生相伴的故事，仿佛置身烟雨如画的天堂苏州。"如果没有档案的记载，这份（濒危传统工艺的）名单将越写越长。"这句意味深长的结束语将人们带回到评审现场。

当时评审专家曾讲道："丝绸是一种美好的东西，而丝绸档案将这些美好都记录了下来，希望我们能留住美好的回忆。该批丝绸档案资料齐全，能够反映丝绸工业发展史。"经过紧张的评审，"近现代苏州丝绸样本档案"成为《世界记忆亚太地区名录》家族中的一员。作为评审会议的参与者，笔者内心的激动无以言表。

2016年5月下旬，国家档案局推荐"近现代苏州丝绸样本档案"进一步申报《世界记忆名录》。中心工作人员于5月26日赶赴国家档案局汇报项目申报工作。为避免出现亚太地区评审会议上相关专家提出的关于"丝绸样本档案是实物档案还是档案文献"的异议，大家经讨论决定将申报项目更名为"近现代中国苏州丝绸档案"，并在国家档案局指导下对申报文本进行修改，按期完成了中英文申报文稿的报送。

2017年3月底，笔者和同事无意中得知，与"近现代中国苏州丝绸档案"同期申报的其他项目已收到联合国教科文组织的回复，而笔者一遍遍打开邮箱，却始终没有收到回复邮件。辗转与世界记忆项目评审委员会取得联系，才得知是对方发邮件时写错了地址，虚惊一场。最终收到的回复邮件，其大意是："世界记忆名录委员会在2月26日至28日召开的会议上一致认为，苏州市工商档案管理中心提交的编号为2016—78的'近现代中国苏州丝绸档案'记录了中国丝绸产业变革以及东西方丝绸贸易历史，具有极高价值，须进一步提供材料，以便委员会推荐其申报《世界记忆名录》。"收到邮件后，中心工作人员根据回函要求进一步筛选档案，尽可能地将全面系统的可视化材料报送至教科文组织秘书处，并实时跟踪确认对方收到了邮件。

2017年10月24日，世界记忆项目评审会议在法国巴黎联合国教科文组织总部召开。项目评审期间，笔者再次作为领队，和同事去现场做相关保障工作。在会场大楼门口，还遇到了曾来苏州考察的联合国教科文组织交流与信息部的博洋先生。他对苏州丝绸档案印象深刻，并祝笔者和同事好运。10月31日，期盼已久的好消息终于传来，在中国提出共建"一带一路"倡议的历史机遇下，"近现代中国苏州丝绸档案"成功入选《世界记忆名录》。至此，5年的申遗之路在这一刻终于有了回报。

神秘档案出"深闺"，从江南水城崭露头角到进入塞纳河畔世界文献遗产的神圣殿堂。申遗成功，让世界上更多的人开始关注丝绸文化，也让全人类共享丝绸文明成果成为可能。作为这一切的亲历者，其中的成就感和幸福感不言而喻。申遗的成功不仅是一代代丝绸从业者和档案从业者不懈努力的成果，也是社会各界凝心聚力的结晶。期待更多的人加入档案文献遗产保护和传承的队伍，用"苏州丝绸"这根华美的丝线为中国"一带一路"的宏伟蓝图锦上添花。

（作者：吴芳　原载《中国档案报》2019年1月10日）

世界记忆工程对中国档案事业发展的影响

一、世界记忆工程概况

世界记忆工程（Memory of the World，MoW）是1992年由联合国教科文组织（UNESCO）发起的一项文献保护项目，是世界遗产项目的延续。该项目通过建立《世界记忆名录》、授予标识等方式，向政府和民众宣传保护珍贵文献遗产的重要性，同时鼓励通过国际合作和使用最佳技术手段等，对文献遗产开展有效保护和抢救，进而促进人类文献遗产的广泛利用。MoW 的最终成果具体呈现为世界记忆名录体系，包括世界级、地区级和国家级记忆名录。世界级记忆名录即我们通常所说的《世界记忆名录》。截至2015年，共有来自世界100多个国家的348个项目入选《世界记忆名录》。地区级记忆名录是仅次于《世界记忆名录》的文献遗产名单，是具有地区意义的珍贵文献遗产的名录，比如《世界记忆亚太地区名录》。国家级记忆名录由各国的国家委员会负责更新。中国是世界上最早建立国家级记忆名录的国家。

二、世界记忆工程在中国

MoW 于1995年正式进入中国，并成立了世界记忆工程中国国家委员会。自1997年"中国传统音乐录音档案"入选《世界记忆名录》，到2015年"南京大屠杀档案"入选《世界记忆名录》，中国共有10件文献遗产入选《世界记忆名录》，详见表1。

表1 《世界记忆名录》中的中国文献遗产

序号	入选时间	文献遗产名称	保管单位
1	1997年	传统音乐音响档案	中国艺术研究院音乐研究所
2	1999年	清代内阁秘本档中有关17世纪在华西洋传教士活动的档案	中国第一历史档案馆
3	2003年	纳西族东巴古籍文献	云南省丽江市东巴文化研究院等
4	2005年	清代科举大金榜	中国第一历史档案馆
5	2007年	清代"样式雷"建筑图档	中国国家图书馆等
6	2011年	《本草纲目》	中国中医科学院图书馆
7	2011年	《黄帝内经》	中国国家图书馆
8	2013年	侨批档案——海外华侨银信	广东省档案馆、福建省档案馆等
9	2013年	元代西藏官方档案	西藏自治区档案馆
10	2015年	南京大屠杀档案	中国中央档案馆、中国第二历史档案馆、辽宁省档案馆、吉林省档案馆、上海市档案馆、南京市档案馆、侵华日军南京大屠杀遇难同胞纪念馆

截至2016年,中国共有10件文献遗产入选《世界记忆亚太地区名录》,详见表2。

表2 《世界记忆亚太地区名录》中的中国文献遗产

序号	入选时间	文献遗产名称	保管单位
1	2010年	《本草纲目》	中国中医科学院图书馆
2	2010年	《黄帝内经》	中国国家图书馆
3	2010年	天主教澳门教区档案文献	澳门教区主教公署、澳门圣若瑟修院
4	2012年	侨批档案	广东省档案馆、福建省档案馆等
5	2012年	元代西藏官方档案	西藏自治区档案馆

续表

序号	入选时间	文献遗产名称	保管单位
6	2014年	赤道南北两总星图	中国第一历史档案馆
7	2016年	孔子世家明清文书档案	孔子博物馆
8	2016年	近现代苏州丝绸样本档案	苏州市工商档案管理中心
9	2016年	澳门功德林档案文献	澳门功德林寺院
10	2016年	清代澳门地方衙门档案	澳门档案馆、葡萄牙东波塔国家档案馆

再者，国家档案局于2000年启动了中国档案文献遗产工程，《中国档案文献遗产名录》是该项工程实施成果的体现，2016年年底已公布4批，收录142件（组）档案文献。

三、世界记忆工程对中国档案事业发展的影响

MoW于1995年进入中国，在中国推广与传播，为中国档案事业发展提供了机遇，也注入了活力。

1. 提升文献遗产保护意识，强化档案部门文献遗产管理

随着MoW在中国的推进，各地档案部门在各级记忆名录的申报准备过程中对馆藏进行系统的检查、梳理，有效推动了对当地馆藏档案文献的管理与保护，有很多珍贵档案文献是在这种摸家底的过程中被发掘出来的。例如，在做申遗准备的过程中，苏州市工商档案管理中心组织全体人员花了2个月的时间，对馆藏的丝绸档案进行清点，包括宋锦样本、漳缎祖本、戴安娜王妃婚礼服订货单、意匠图等凝聚着近现代中国传统织造业璀璨历史的丝绸档案，就这样一点一点地从200余万卷的档案中显现出来。而在此之前，即使是中心的工作人员，也大多不知道在其馆藏中还有这样一批如此珍贵的档案。而进入世界记忆名录体系的文献遗产，更受益于MoW强大的影响力和号召力。比如，"侨批档案"在入选《世界记忆名录》后，获得了社会的大量关注，吸引了学者对"侨批档案"的关注和研究，形成了社会

民众与档案部门的良性互动。

2. 提高档案工作宣传力度，文献遗产影响力不断扩大

自MoW实施以来，各地档案部门对文献遗产的态度有所改变，不再一味地"重藏轻用"，而是积极地对文献遗产及其保护进行宣传，尤其是在档案文献入选世界记忆名录体系后，当地以及全国的报刊、网站、电视台等各类媒体上的传播对宣传档案工作起到积极的推动作用。

2015年至2016年申遗期间，苏州市工商档案管理中心与《档案与建设》编辑部合作，在期刊上开辟了"档案中的丝绸文化"和"苏州丝绸样本档案"专栏，图文并茂地展示和宣传苏州丝绸档案。这对于社会公众认识档案、了解苏州丝绸档案提供了素材和途径，同时也为宣传档案工作、发展苏州档案事业创造了诸多契机。

在保存好档案文献遗产的前提下，档案部门还通过各类展览宣传档案文献遗产。为了配合申遗，福建省档案馆和泉州市档案馆分别在泰国、新加坡举办了《百年跨国两地书——侨批档案展》《家书抵万金——新加坡侨批文化展》，还在泰国、新加坡、闽南侨乡等地举办了"侨批档案"巡回展。这些展览向公众宣传推介"侨批档案"的遗产价值和世界意义，取得了良好的宣传效果和社会效应。

3. 吸引社会关注和研究，档案文献遗产成果持续涌现

从某种意义上说，档案部门从来不缺少档案文献珍品，缺少的是"发现的眼睛"。而MoW恰能提供这样的"眼睛"，通过吸引社会各界的关注和研究，充分认识文献遗产的价值并将其挖掘出来。

2012年12月，福建省档案局在福州召开"中国侨批·世界记忆"国际学术研讨会。此时"侨批档案"刚刚入选《世界记忆亚太地区名录》，正在为次年申报《世界记忆名录》做准备。凭借《世界记忆亚太地区名录》的影响力，这次研讨会突破了以往侨批研讨会学术力量薄弱的困境，汇聚了来自日本、新加坡、泰国和中国国内的诸多侨批研究专家，并涌现出一批新的学术研究成果。2013年，为配合申遗工作，福建、广东两省联合在北京召开了"中国侨批·世界记忆工程"国际研讨会,将侨批研究推向新的高峰。高度国际化的研究队伍与国内科研机构、民间团体、私人收藏家等多方力量的广泛参与,在社会和国内外学术界形成了良性互动、相互促进的大好格局。

4. 促进不同地区、不同部门、不同行业间的跨界合作

独行快,众行远。世界发展到今天,各领域多元合作发展已成为不可避免的趋势。在全球化的浪潮中,档案部门是拓展思维、跨界合作,还是故步自封、墨守成规,可以说决定了档案部门未来能否在时代发展中赢得行业发展的主动权。而 MoW 作为国际合作的最典型产物,在中国档案部门开展跨界合作过程中发挥了积极的引导和推动作用。

联合申报。从中国已入选《世界记忆名录》和《世界记忆亚太地区名录》的 16 项文献遗产中可以看到,3 项是由两家及以上单位联合申报的,占总量的 1/5。

其中,由广东、福建两省联合申报的"侨批档案"更是先后入选《世界记忆亚太地区名录》和《世界记忆名录》两个名录。其实早在 2009 年,广东侨批就曾参评《世界记忆名录》,但未能入选,失败的一个重要原因,就是没有整合闽粤两省的力量,缺乏代表性。故此吸取教训,在国家档案局的支持下,福建、广东两省决定联合申报,经过不懈努力,终于在 2013 年完成夙愿。

"南京大屠杀档案"也是联合申报的典型案例。其申遗工作的准备从 2008 年就开始了,最早是侵华日军南京大屠杀遇难同胞纪念馆一家,之后又加入了中国第二历史档案馆、南京市档案馆,三家联合于 2009 年 4 月以 5 组"南京大屠杀档案"申报《世界记忆名录》,然而最终失之交臂。2014 年,由国家档案局牵头,除以上三家外,又增加了中国中央档案馆、辽宁省档案馆、吉林省档案馆、上海市档案馆,申报档案也由原来的 5 组增加到了 11 组,再次向联合国教科文组织提出申报。2015 年 10 月,"南京大屠杀档案"申遗成功。

合作保护。我国有着丰富的文献遗产资源,但这些资源并不都保存在档案馆，图书馆有古籍孤本，博物馆有纸质载体文物，民间团体和个人手中也收藏有许多珍贵的档案珍品。这一点从中国已入选世界记忆名录体系的文献遗产也可看出。《世界记忆名录》和《世界记忆亚太地区名录》中，由档案部门申报的有 7 项，由非档案机构申报的有 8 项，还有 1 项是由档案部门与非档案机构联合申报的。但在《中国档案文献遗产名录》的 142 项文献遗产中，档案部门作为保管机构占比 81%。

  这些分散的档案资源是全社会共同的财富，也是档案部门管理和保护的对象。然而，档案资源保管机构的复杂性和资源本身的多样性决定了档案保护不可能是档案部门凭一己之力就能做好的。这就促使档案部门要走出去，到社会中去寻求力量。在对丝绸档案的保护中，为了解决馆藏丝绸样本档案因长期放置而发霉、变质、褪色等问题，苏州市工商档案管理中心与苏州大学合作开发了"丝绸样本档案纳米技术保护研究及应用"项目，研制出的新型纳米无机抗菌保护剂有效解决了丝绸样本档案保护面临的难题。

  跨界开发。档案文献遗产是人类的珍宝，藏在深闺、秘不示人是一种保护，通过开发利用让更多的人认可其价值，让静态的档案"活"起来是另一种保护。MoW 的 4 个目标中，"使文献遗产得到最大限度的、不受歧视的平等利用"和"开发以文化遗产为基础的各种产品并广泛推销"这两个目标，与另外两个目标享有同等重要的地位，说明其发起者清楚地认识到文献遗产开发利用的重要性。这一理念也影响着我国档案部门。

  2014 年 11 月 10 日，出席 APEC（亚洲太平洋经济合作组织）会议欢迎晚宴的各国领导人及其配偶身穿的名为"新中装"的现代中式礼服惊艳亮相。"新中装"采用的极具东方韵味的宋锦面料正是源自苏州市工商档案管理中心馆藏丝绸档案中的宋锦样本。之后，中心又陆续与 14 家丝绸企业合作，建立了传统丝绸样本档案传承与恢复基地，对宋锦、漳缎、纱罗等传统丝绸品种及其工艺进行恢复、传承和发展，开发出了不同织物属性的产品和衍生产品。

5. 扩大申报城市知名度和影响力，为档案事业发展赢得强大助力

对申报城市来说，开展申遗工作，能够充分挖掘城市文化的底蕴和特质，唤起市民对城市历史文化的认同感和共鸣，有利于提升城市形象，扩大城市的国际知名度和影响力，也为城市开展对外交流、培育文化旅游新业态等提供了机会。鉴于这些有利影响，各地政府通常都会对申遗工作给予高度关注。而政府领导的重视和支持，政府部门的主导和推动，也为档案事业发展提供了强大助力。伴随苏州丝绸档案申遗的脚步，苏州市政府对档案的重视程度不断提高，支持力度不断增强。苏州市财政自 2015 年起连续三年拨款合计约 1 000 万元，专门用于丝绸档案的征集、编研、鉴定等，又针对丝绸档案展览及相关会议宣传等拨款 425 万元，针对申遗工作专项拨款近 80 万元，截至 2017 年，累计拨款 1 500 多万元。如此大力度的财政支持，对档案部门来说并不多见。

6. 推动档案人才的培养，提升广大基层工作者的责任感和荣誉感

10 项文献遗产入选《世界记忆名录》，10 项文献遗产入选《世界记忆亚太地区名录》，142 项文献遗产入选《中国档案文献遗产名录》，这些数字见证了一代又一代基层档案工作者的成长、壮大。MoW 的国际理念，国际研讨会不同国籍、不同行业间专家们观点的碰撞，科研项目、编研成果对档案资源的保护和挖掘，档案部门与其他行业机构间频繁的交流互动……对每一位参与文献遗产申遗的档案工作者来说，申遗的过程，就是重新认识馆藏档案资源的过程，他们开始自觉地珍惜档案、保护档案，进而利用档案；又是重新开启视野的过程，他们开始自觉地放眼世界，融入国际交流互动；更是重新发现自我的过程，他们开始更深刻地感受到作为档案人所应担负起的对社会、对国家、对人类的责任！

7. 形成一个自上而下统一的文献遗产保护体系，规范文献遗产保护制度

在 MoW 的推动下，我国不仅建立了专门的与 MoW 接轨的"中国档案文献遗产工程"，而且带动了各层次的档案文献名录的递进式发展，基本形成了一个"世界—地区—国家—地方"的文献遗产保护体系，使文献遗产保护工作既能具有自上而下的统一性，又在地方上更具有灵活性和施展空间，最大范围地保护了具有世界意义、地区意义、国家意义和地方特色的文献遗产。

参考《中国档案文献遗产名录》的遴选标准，我国许多省市也出台了当地珍贵档案文献的评选办法，如《江苏省珍贵档案文献评选办法》（2005 年修订）、《上海市档案文献遗产申报办法》（2011 年 7 月）、《浙江档案文献遗产工程实施办法》（2002 年）、《山东省珍贵档案文献遗产评选办法》（2015 年 1 月）、《广东省档案文献遗产管理暂行办法》（2012 年 4 月）、《云南省珍贵档案文献评选办法（暂行）》（2006 年 7 月）、《青岛市档案文献遗产评选办法（试行）》（2014 年 10 月）等。这些评选办法并非是对《中国档案文献遗产名录》遴选标准的简单照搬，而是充分结合当地情况进行了调整，凸显地方特色。这对于我们加强当地珍贵档案文献遗产的保护整理与开发利用、促进档案资源建设和档案文化传播具有重要作用。

习近平总书记说："中华民族伟大复兴需要以中华文化发展繁荣为条件。"而文献遗产正是我们光辉灿烂的中华文化的重要载体。MoW 为当代文献遗产保护提供了一种新的制度和机制，在进入中国后，开启了中国文献遗产保护的新时代，进一步推动了中国档案事业的发展。我们有理由相信，在 MoW 的影响下，会有越来越多的人投入文献遗产保护的行动中来，中国档案事业也必将迎来更灿烂的明天。

参考文献

[1] 王红敏．世界记忆工程概述［J］．中国档案，2003 (10)：11．

[2] 福建省档案局《福建侨批与申遗》课题组．福建《侨批档案》的申遗之路［J］．中国档案，2013 (8)：37 - 39．

[3] 陈平．南京大屠杀档案申报《世界记忆遗产名录》始末［J］．公共外交季刊，2015 (4)：91 - 95，128．

[4] 彭聚营，陈鑫，卜鉴民．宋锦样本档案开发工艺走上APEC舞台［J］．中国档案，2015 (1)：34 - 35．

[5] 赵彦昌．基于世界记忆工程背景下的中国地方档案事业发展［J］．档案与建设，2017 (1)：4 - 7．

（作者：陈鑫　吴芳　原载《档案与建设》2017年第10期）

打造历史文化名城中的档案力量

苏州市《2018年政府工作报告》中提出，加快建设古今辉映的历史文化名城，打造遗产城市，努力把苏州建成世界级历史文化名城。2018年3月，世界遗产城市联盟（OWHC）秘书长丹尼·理卡尔先生一行赴苏考察，苏州正式加入世界遗产城市联盟，并成为正式会员城市。

建设古今辉映的历史文化名城、打造遗产城市，不仅要立足于遗产本身，更要处理好保护和利用、传承和创新的关系，充分挖掘世界遗产、非物质文化遗产、世界文献遗产等遗产的价值，让苏州园林的金字招牌更加闪亮，让苏州昆曲更加抢眼，让苏州的丝绸文化更加焕发生机。

一、苏州世界遗产

苏州是一座名副其实的世界遗产城市，拥有2项世界文化遗产、6项人类口述与非物质文化遗产和1项世界记忆遗产，共27处世界遗产点，是中国世界遗产点最多的城市。

早在20世纪80年代，以苏州园林为蓝本的"明轩"就已亮相美国纽约大都会艺术馆。在联合国教科文组织总部，"易园"作为中国政府向联合国教科文组织赠送的文化项目，也是以苏州园林为蓝本；作为苏州烫金名片的丝绸更是闻名遐迩。在2014年北京APEC会议上，"新中装"让人印象深刻，其面料就是由苏州市工商档案管理中心（简称"中心"）历经2年时间，与吴江鼎盛丝绸公司合作开展的科研项目取得的重要成果之一。由此可见，苏州的世界遗产在世界舞台上发挥着积极作用,扮演着重要角色。

二、档案力量助力打造世界遗产城市

档案是历史文化传承的重要载体,在打造世界遗产城市的过程中,档案的重要作用是无可替代的。以中心为例,在服务市委、市政府打造世界遗产城市的重大决策部署中,中心做出了积极贡献,赢得了社会各界的高度评价。

1. 创新建立中国丝绸档案馆

2012年,苏州市政府出台《苏州市丝绸产业振兴发展规划》。2013年,国家主席习近平先后提出共建"丝绸之路经济带"和"21世纪海上丝绸之路"的重大倡议。为此,中心积极抢抓机遇,从馆藏200余万卷改制企业档案里整理出29 592卷苏州丝绸档案,并于2013年年初启动了中国丝绸档案馆的筹建工作。中国丝绸档案馆于2013年7月由国家档案局批准、2015年12月经国务院办公厅批准落户苏州,成为国内首家专业的丝绸档案馆,同时也是全国地市级城市中唯一一家"中"字头档案馆,从此,丝绸档案有了更高规格的保护和开发平台。

2. 推动丝绸档案申遗

丝绸是苏州的烫金名片,为了进一步挖掘丝绸在"一带一路"倡议中的文化交流内涵,中心主动融入世界记忆工程,推动传统丝绸档案文化的传承与创新。2017年10月,"近现代中国苏州丝绸档案"成功入选联合国教科文组织《世界记忆名录》,这是继该档案2016年5月被《世界记忆亚太地区名录》收录之后的又一里程碑事件,为苏州丝绸文化赢得了更广泛的国际认同感。翌年,国家档案局发文,正式批复建立世界记忆项目苏州学术中心,这是中国内地第3家、世界第5家世界记忆项目学术中心,对提升苏州城市形象、助力打造世界遗产城市具有十分积极的意义。

3. 推动丝绸档案走向世界

为进一步扩大苏州丝绸档案在国际上的影响力,2016年11月,中心成功承办了"世界记忆项目与档案事业发展"主题研讨会,国家档案局等单位的领导以及联合国教科文组织世界记忆项目国际咨询委员会的专家、国内知名院校的教授汇聚一堂,苏州丝绸档案保护开发利用得到国内外专家学者的一致肯定。2017年5月,中心成功承办了"中俄档案合作分委会第一次会议暨'大数据时代'档案工作研讨会",会议期间配套展览了"中俄'丝路'历史档案展",发挥了档案弘扬丝路精神、助推"一带一路"建设的积极作用。2016年9月、10月,中心分别在斯洛伐克尼特拉、法国巴黎举办"中国苏州丝绸档案精品展";2017年6月,分别在德国弗莱堡大学孔子学院、捷克布拉格中欧政经学院举办"一带一路"档案展苏州巡回展,获得学院师生的热烈欢迎,孔子学院对苏州中国丝绸档案馆表达了合作意向。2017年10月,在《世界记忆名录》评选期间,中心专程赴巴黎联合国教科文组织总部大楼前举办临时展,营造了浓厚的丝绸档案文化氛围。同时,中心向我国驻法国大使馆教育处赠送苏州丝绸档案丝绸展品,借助其力量宣传苏州丝绸档案文化。

中心的创新实践为苏州争取了国际荣誉,提升了城市形象,在打造世界遗产城市过程中发挥了积极的促进作用。

三、关于打造世界遗产城市的建议

在建设古今辉映的历史文化名城、打造世界遗产城市过程中,应体现"以人为本"的精神,发挥"创新、协调、绿色、开放、共享"的发展理念,正视档案文献遗产在世界遗产城市建设中的力量,让世界遗产更好地融入现代生活。

1. 宣传世界遗产

要在更高层面上谋划好对世界遗产城市的宣传工作,努力提升苏州的知名度和影响力。第一,承接高规格、高质量国际性会议。努力承办好第三届世界遗产城市亚太地区大会。借助世界遗产城市联盟这一国际平台的优势,推动苏州与其他国家城市在历史文化、遗产保护、城市发展等方面的交流合作。第二,建立世界记忆项目苏州学术中心。配合国家档案局在苏州进行苏州学术中心授牌，组织系列档案文化活动，提升苏州在世界文献遗产领域的影响力。第三，打造"世界遗产城市"官方宣传平台。广泛通过电视、报刊、新媒体等途径，以公益广告、画作、歌曲、工艺品等形式讲述苏州世界遗产故事。

2. 利用世界遗产

（1）努力推动生态提升。把生态提升作为利用世界遗产的重点，推动中国大运河沿线遗产点和部分园林修复工作，使世界遗产展现更好的风貌，得到更好的利用。

（2）加强档案跨界传承合作。擦亮"苏州丝绸"金字招牌，加快中国丝绸档案馆建设，深入挖掘丝绸档案文献价值，使珍贵文献的保护和开发突破束之高阁或小众研究的局限。

（3）让世界遗产"活起来"。将世界遗产融入社交、消费等现实生活，使世界遗产的价值易于理解和展现，如将苏州丝绸档案、非遗知识列入中小学生综合研究课程。

3. 保护世界遗产

（1）建立健全法律规范体系。建议加快世界文献遗产"近现代中国苏州丝绸档案"立法保护工作，借鉴全国首个世界记忆遗产保护规章《广东省侨批档案保护管理办法》的经验，结合丝绸档案遗产特点和地方立法实际，用法律法规加大文献遗产保护力度。

（2）完善世界遗产监测预警管理体系。苏州市已建立世界文化遗产古典园林保护监管中心、古建筑保护联盟等机构，为古典园林保护保驾护航。建议进一步发挥保护监测的成功经验，建立完善苏州其他世界遗产的监测预警管理体系，提升遗产管理的科学化水平。

（3）加强学术研究工作。开展对苏州各世界遗产保护的学术研究，组织编纂出版一批有较高理论价值的专著。加强对青少年的教育，提高他们保护、珍爱世界遗产的自觉意识。

4. 拓展世界遗产

第一，苏州市政府应积极牵头"江南水乡古镇"共同申报世界文化遗产工作,扎实做好水乡古镇保护、整治和利用,加强古镇遗产价值研究和宣传展示,打造江南水乡古镇文化品牌,力争"十三五"规划期内申遗成功。第二,推动张家港黄泗浦遗址和太仓天妃宫遗址增补列入"海上丝绸之路"国家申遗预备清单,积极推进申遗范围内的文物维修和环境整治工作,切实提升遗产地保护管理水平。第三,深入挖掘吴地文化遗产,如苏州评弹、苏州刺绣、桃花坞年画、核雕等,建立申遗候选名单,不断丰富拓展苏州的世界遗产。

成为世界遗产城市联盟正式会员城市,标志着苏州建设古今辉映的历史文化名城、打造遗产城市进入了新时期、新阶段。我们在保护利用传统的文化遗产、非物质文化遗产的同时,应更加注重发挥档案文献遗产的力量,加大保护利用力度。档案部门同样要从保护城市历史文化、拓展世界文献遗产的角度出发,创新工作方式、提升城市内涵,努力使城市的记忆更加完整、历史更加生动。

(作者:吴飞　吴芳　原载《中国档案》2018 年第 6 期)

共 享 篇

芬兰和俄罗斯档案工作一瞥

一、芬兰国家档案馆

位于赫尔辛基的芬兰国家档案馆履行着收集、保管、保护、利用中央级档案,以及监督指导全国各省档案馆工作的职能,现有250名工作人员,由信息部门、收集部门、研究开发部门、办公综合部门4个部门组成,馆藏档案排架长度约200千米,大部分为纸质档案和图片,最早的档案可以追溯至中世纪。

按照芬兰《档案法》的有关规定,芬兰国家档案馆主要接收国家议会、中央政府各个部委及法院的档案,档案在各个单位保存40年后移交给国家档案馆。国家档案馆只接收永久档案,进馆档案只占各单位全部档案的10%至15%。另外,他们特别重视私人档案的捐赠、寄存工作,政府出资鼓励社会各界把私人拥有的档案捐赠或寄存在档案馆。目前,国家档案馆中私人捐赠、寄存的私人档案和藏品占馆藏档案总量的10%。在档案利用方面,依据芬兰《档案法》的规定,原则上文件一经转化为档案后都应向社会提供公开利用。任何一个人,包括外国人都可以查阅利用所需档案。但涉及国家安全、军事、外交和个人隐私的档案是不向社会开放的。目前,芬兰国家档案馆每年查档人数在5万人次左右,约有50%的档案利用者是为了查阅了解家族史来到档案馆。在电子文件接收方面,国家从法律层面上做了一些调整,开始接收电子文件。

在芬兰档案技术保护和信息化工作方面,该馆抢救了大量战争时期有关城市建筑方面的图纸和资料。由于战争的原因,档案受潮、霉变,他们采取去湿、除尘、修裱等技术手段进行抢救,很多设备、设施都是国家档案馆自主设计研发的。该馆拥有大量羊皮档案,他们主要采用无酸卷盒存放,效果很好。馆藏大量历史档案以缩微胶片的方式进行保存,在利用过程中,档案馆不提供原件,而是给利用者提供缩微胶片进行阅读。芬兰的档案数字化工作启动比较晚,完成量也不大,占比为馆藏量的1%至3%。目前,由政府投资的档案数字化工程正在分阶段完成。

二、俄罗斯档案工作情况

俄罗斯联邦国家档案局是国家最高的档案行政管理机构,成立于1992年9月30日。俄罗斯的国家级档案馆包括国家经济档案馆、国家军事档案馆、国家军事历史档案馆、国家古代文献档案馆、国家历史档案馆、国家艺术档案馆、国家远东历史档案馆、国家科技档案馆、国家影像资料档案馆、国家录音资料档案馆等。俄罗斯档案馆的分类较为细致,档案馆体系建设比较发达。

圣彼得堡国家历史档案馆建于1950年,保存着20世纪30年代以来各个历史时期的档案,是俄罗斯联邦最大的档案馆,也是世界上最大的档案馆,拥有900个全宗、720多万卷档案,馆藏档案排架长度约220千米,其中涉及中俄关系的档案数量很大。新馆建于2005年,占地面积6.8万平方米。据了解,旧馆搬迁时声势浩大,档案搬运过程由国家安全局、警察局负责安保工作。圣彼得堡国家历史档案馆不仅是世界最大的档案馆,其内部设计也很人性化,处处体现为利用者周到服务的原则。其中,档案馆的阶梯会议厅具有同声传译系统,共有350个座位和台灯装置。该馆设有一个约300平方米的大展厅和两个小展厅,在此举办过很多俄罗斯珍贵档案展览。

由于圣彼得堡市经历过很多战争,各个时期的战争留下了很多遗物,圣彼得堡市政府在社会上有组织性地开展遗物捐赠活动。政府制定相关政策和规定,并拿出资金支持鼓励个人向档案馆、博物馆等捐赠战争遗物和历史资料,并以展览等形式开展爱国主义教育。

俄罗斯档案信息化工作同芬兰相似，对大多数历史档案进行了缩微处理，档案数字化扫描的量不大。

三、中共六大会址常设展览馆

1928年6月18日至7月11日，在共产国际和苏联的帮助下，中国共产党第六次全国代表大会在莫斯科召开。瞿秋白、周恩来、李立三等在大会上做报告。大会通过了关于政治、军事、组织、苏维埃政权、农民、土地、职工、宣传、民族、妇女、青年团等问题的决议，修改通过了《中国共产党党章》，选举产生了第六届中央委员会。党的六大认真总结了大革命失败以来的经验教训，是一次具有重大历史意义的会议。中共六大以后的两年，全党贯彻执行六大路线，中国革命走向复兴和发展。

中共六大会址常设展览馆位于距莫斯科市中心40千米处的五一村。展览分为中共六大召开前的形势、中共六大的筹备与召开、中共六大之后革命运动的发展、中共六大会场和中俄关系新发展5部分。我国中央档案馆为展览提供了一些档案仿真复制件。中共六大会址常设展览馆是中俄两国人文合作委员会档案工作小组的重要工作成果。

四、几点启示

我国与芬兰和俄罗斯的档案管理体制很相似。两国政府都很支持档案部门的工作，特别是在硬件投入上，如馆库建设、档案技术保护设备设施等方面投入很大。

两国档案工作制度建设方面比较健全。如芬兰国家档案馆根据国家《档案法》等要求制定了档案保管、技术保护、开发利用等规范性标准、制度，在整个档案馆运作过程中起到了积极的作用。

两国档案馆都很注重档案原件的保护。由于很多历史档案年代久远，所以两个国家档案馆在档案利用过程中不直接提供原件，而是提供缩微胶片以供查阅。

两国档案馆接收标准严格。无论芬兰国家档案馆还是圣彼得堡国

家历史档案馆，在档案接收过程中，都严格按照标准接收档案，接收的量只是全部文件的10%至15%。这说明了在进馆过程中，他们高度重视档案的鉴定工作。在我国，对进馆前的档案鉴定工作不太重视，很多档案馆贪图大而全，一味追求馆藏数量，忽视了鉴定工作，造成有的档案新馆建了没多久就出现涨库现象，同时浪费人力、财力、物力。

两国私人档案捐赠、寄存较为普遍。如芬兰国家档案馆馆藏10%是私人捐赠或寄存的。俄罗斯圣彼得堡市政府出资鼓励私人把档案捐赠、寄存到档案馆，同时开展多种形式的活动，动员公民把战争遗物、史料等捐赠给国家，并以此开展爱国主义教育。我国民众的档案捐赠、寄存的意识不强，同时政府在档案馆征集经费上的投入不多。

两国档案馆利用者的构成与我国档案利用者的差异在逐步缩小。国外档案馆每年利用者50%以上是私人查阅，而我国机关、单位查档利用较多，个人查档意识较薄弱。随着我国经济社会的发展，老百姓法治意识增强，特别是近年来档案与民生紧密相关，越来越多的公民通过档案维护自身合法利益，公证、遗产继承和查证家族渊源等越来越普遍。

芬兰国家档案馆和圣彼得堡国家历史档案馆的馆藏档案数字化工作量在2%至5%，同我国的档案数字化工作相比差别很大，但是我们大规模开展档案数字化工作值得反思。

通过对两国档案馆的考察，笔者认为，打造档案馆、图书馆、博物馆等档案、文献资料、图书、文物等保管机构间一体化综合性信息平台是今后的发展趋势，我们不能继续单打独斗搞信息服务系统，而是要联合其他信息保管部门，发挥最大化作用。目前，芬兰国家教育和文化部牵头，正在打造一体化的信息服务系统，很有借鉴意义。

（作者：卜鉴民　原载《中国档案报》2019年5月20日）

服务"一带一路"
助力丝绸档案走向世界
——考察瑞士、法国档案工作归来话感受

为进一步提升苏州丝绸档案的国际影响力,日前,苏州中国丝绸档案馆派遣代表团赴联合国教科文组织世界记忆项目评审机构、中国驻法国巴黎大使馆、瑞士苏黎世档案馆、法国亚眠的索姆档案馆等进行了交流,考察了瑞士、法国两国的档案工作,并就日后进行丝绸档案展览合作达成了初步共识。

适逢中国"一带一路"倡议带来的历史性机遇,为扩大苏州"丝绸之府"的影响,在国家档案局、江苏省档案局关心支持下,几年来,苏州中国丝绸档案馆借力借势、想方设法推动"近现代中国苏州丝绸档案"顺利申遗,使其于 2015 年 5 月成功申报入选《中国档案文献遗产名录》,于 2016 年 5 月成功申报入选《世界记忆亚太地区名录》,于 2017 年 10 月成功申报入选《世界记忆名录》。在此期间,苏州档案部门积极承办多个国际档案会议,举办海外展览,拍摄宣传片,编印丝绸画册,等等,为申报工作争取外部支持,营造浓厚氛围。"近现代中国苏州丝绸档案"的申遗成功,是档案部门响应"一带一路"倡议、服务丝绸产业发展、弘扬优秀传统文化的重要成果,填补了苏州在《世界记忆名录》中的空白,为苏州保护悠久历史文化、打造世界遗产城市写下了浓墨重彩的一笔。

通过考察,笔者对瑞士和法国档案部门所开展服务的精准化和人性化感触颇深。以苏黎世档案馆为例,经过专业鉴定,该馆仅接收政

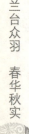

府部门移交档案的10%，其余90%文件均被销毁。档案馆理应是出具最权威档案鉴定结果的单位，去芜存菁既保证了档案馆馆藏的精品化，也为提升配套管理水平，如整理编目、日常管理、人员配备等，以及提高开展数字化、后续开发等工作的投入率做了先期保障。在苏黎世档案馆，笔者看到约1 000年以前的档案均得到妥善保存，特别是古老的图纸被装在特定尺寸的透明保护袋中，再摊平装入底图柜；还有横跨数百年的各领域的档案，在当地档案馆人力有限的情况下，避免杂而不精，进行精准化管理是值得我们学习的一方面。瑞士和法国档案馆开展人性化的公共服务主要体现在，档案馆是让人们可以轻松地触摸家乡历史的场所。例如，法国亚眠的索姆档案馆所在建筑是第二次世界大战遗存中最古老的、类似亭子的小型建筑，一间展示本地历史文档的阅览厅和一间公共活动室通过玻璃墙隔开。据该馆负责人介绍，为了加强档案文献与公众的情感联系，这里经常会举办读书会等活动。此外，阅览室虽然装修简单，但设计感强且温馨舒适，各种细节均体现出档案馆实实在在重视阅档者的体验。在人员配备和机构设置上，以苏黎世档案馆为例，工作人员加志愿者一共约40人，根据接收、整理、修复、数字化、公共服务等职责分为6个部门，以上经验对正在建设的苏州中国丝绸档案馆来说，都值得学习借鉴。

通过考察学习，我们也进一步明确了努力方向。一是创新推动"档企合作"，助力丝绸产业振兴。截至2018年5月，"近现代中国苏州丝绸档案"的保管单位——苏州市工商档案管理中心已同18家企业共同建立传统丝绸样本档案传承与恢复基地，由档案部门提供不同历史时期的代表性丝绸产品样本和技术资料，企业提供科研人力和生产设备，双方合作进行技艺传承、新品研发，并为这一传承创新过程建档，使珍贵文献保护和开发突破"束之高阁"或"小众研究"的局限，探索推动产业发展的新路子。苏州档案部门与合作企业研发的丝绸新面料先后被北京APEC（亚洲太平洋经济合作组织）会议各国领导人"新中装"、世乒赛颁奖礼服、天安门阅兵式城楼座椅"福袋"等采用，取得了很好的经济效益和社会效益。这一举措也受到了来苏考察的联合国教科文组织官员的高度肯定,他表示,在世界范围来看,这种赋予古老文献以新生命的做法十分值得思考和推广。

二是加快推动"近现代中国苏州丝绸档案"成功申遗的后续工作。申遗成功后,江苏省、苏州市领导相继做了批示,省委常委、秘书长樊金龙指出"希望更好发挥'古为今用'作用",省委常委、苏州市委书记周乃翔指出"希望在深入挖掘丝绸档案文献遗产、抓紧建好苏州中国丝绸档案馆等重要工作中再接再厉,为苏州保护历史文化和打造世界遗产城市贡献力量"。2018年,我们将按照上级档案部门部署,积极承办"一带一路"档案展及学术研讨会,立足本地特色,推进世界记忆项目苏州学术中心工作,并加大档案文献遗产的抢救保护和开发力度,完善相关制度办法,扩大对外交流合作,同时在争取国家和省重大社科项目、市政府市立项目等重大研究项目,以及加强苏州中国丝绸档案馆建成后职能、机构、人员配备等方面的建设做出努力,奋力彰显"近现代中国苏州丝绸档案"在新时期的文化价值和经济价值,为"一带一路"建设贡献智慧和力量。

(作者:吴芳　周济　原载《中国档案报》2018年6月14日)

档案海外展览展示工作初探

2016年10月26日—11月2日,苏州中国丝绸档案馆(简称"中丝馆")在法国巴黎西郊高迈伊市的达盖尔博物馆举办了为期8天的"中国苏州丝绸档案精品展"。这是中丝馆进一步扩大影响、走出国门进行宣传的重要一步,也开创了江苏省档案系统由一家单位独立在海外办展的先河。

一、前期准备

为了使这次展览能够做实、做好,中丝馆上下做了精心的筹划和准备。

1. 成立工作小组

工作小组由中丝馆负责人、苏州市工商档案管理中心主任总负责,办公室具体负责协调人员公务外出及经费相关工作,具体的展览事宜由档案征集科和资源开发科负责落实,包括展品的选择、包装、说明词的撰写、宣传品的准备等内部工作,以及对外联系展览场所、对接海外展览等各项细节性的工作等。

2. 确定展览地点

首次海外展览能否一炮打响,办展地点至关重要。经过多个渠道的了解和挑选,最终选择了国际丝绸行业最为先进的欧洲,办展地点确定在对中国丝绸最感兴趣,而本身丝绸行业又极其发达、代表着国际最高水准的法国。同时还考虑到法国巴黎作为国际性的大都市,也是世界文化与艺术之都,有利于宣传中国丝绸文化和丝绸艺术。经过多方联系,最终与法国巴黎达盖尔博物馆达成协议。

3. 展览展品选择

本次展览每件展品的选择都经过反复的推敲和考证。在馆藏30余万件丝绸档案中，精心挑选出戴安娜王妃结婚礼服面料"塔夫绸"的资料、丝绸的14大类样本、宋锦唐卡、苏绣、真丝剪绸作品以及《丝绸之路手绘长卷》等实物及史料数十件作为展品。展品内容既能呈现苏州丝绸档案的特色，又能引起海外友人的兴趣和共鸣。中丝馆重点围绕习近平主席发出的"一带一路"倡议，以"近现代苏州丝绸样本档案"成功入选《世界记忆亚太地区名录》为契机，充分挖掘馆藏丝绸档案的历史文化渊源以及苏州的宋锦、苏绣等非物质文化遗产的传统技艺，将丝绸文化、苏州文化与档案文化紧密融合，呈现出内容丰富精彩的海外展览。

4. 办展相关细节

展品确定之后，根据展品的大小、重量等，参考航空公司的有关标准，中丝馆工作人员首先专门定制了具有多重避震设施的航空行李箱，这样就确保了部分含有玻璃镜框的展品的安全。同时，考虑到法国当地劳工法有关规定（单件行李超过32千克，工人有权不予搬运），中丝馆工作人员对行李质量进行了严格的控制，保证展品不超重。另外，在和巴黎当地博物馆研究展览展示细节时，工作人员也是反复考虑到每一个环节和每一个小细节，事先请法方将展示场地的建筑示意图、展馆面积、展柜数量等信息告知，工作人员再根据情况进行展示设计，这样可保证以最快的速度进行布展。法国当地也很重视此次合作，当地主管文化的副市长贝尔纳·瑞威先生特地抽出时间参加展览的开幕式，并在当地网站及其他社交渠道为展览进行了宣传。

二、展览过程

本次展览设在位于法国高迈伊市的达盖尔博物馆内。该博物馆是原高迈伊市博物馆与原国家石膏博物馆合并的新博物馆，故称合并博物馆。因其坐落于现代照相机技术的发明人、法国著名科学家达盖尔先生的故乡，故通常称其为达盖尔博物馆。博物馆内有两个常设展览区：一个是位于一层的石膏产业展览区，另一个是位于二层的达盖尔生平与照相机演变展览区。其余为短期展览或进行其他文化活动的区域。本次展览就设在文化活动区域之内，面积为100平方米左右。由于事先已经做好了充足的准备，整个展览布置得十分顺利而高效，整体用时大概两个小时。

按照原定计划，本次"中国苏州丝绸档案精品展"在法国巴黎达盖尔博物馆展出一周，其间中法双方工作人员共同在展馆接待参观群众，与之进行交流，并对参观者提出的很多有关中国和中国丝绸的问题进行现场解答。展览期间共接待参观人数近400人，既有当地的居民，也有来当地游玩的游客，还有从网络媒体等渠道得知展览而专程赶来参观的民众。在他们参观的同时，中丝馆工作人员在一旁陪同，向他们讲解了一些中国丝绸的小知识和传说故事，大大增加了他们对中国丝绸的兴趣，起到了很好的宣传和文化传播效果。

三、几点建议

中丝馆工作人员对本次在法国巴黎举办的展览进行了总结，既有成功的经验，也有一些问题。

1. 海外展这种形式值得推广

作为一个档案管理专业部门，展览展示是一种十分有效的宣传推广形式，只要选择合适的主题、恰当的题材、符合需要的素材，不同的档案资料在不同的国家都可以在恰当的时期办展。所以，展览的主题和展示的时机十分重要，这需要我们平时注重自身的积累，准确把握国内外形势和关键时刻节点。

2. 海外展的前期准备要充足

准备工作是多方面的，既有展览素材的准备、展示效果的设计，也有外出人员的知识培训和外出手续的办理。考虑得越周到，现场出现的问题就越少。正是由于中丝馆工作人员事先做好了充足的准备，整个展览过程才会进行得如此顺利。大到中外两国的国际交流礼仪，小到展览展示工具的准备，从展览素材的政治性，到外出人员签证的提前办理和机场检查展品的可能性等等，所涉及的问题各种各样，都是在出发前需要周全考虑的。举个小例子：通过此次办展，中丝馆工作人员了解到，普通的展品和贵重的展品乃至文物的展览，要求都是不一样的。特别贵重的展品必须买保险并办理专门的展览证，文物则必须由省一级文物管理部门出具证明才能出国展出。所以，根据展览的需要和展品的选择，事先做好充分的准备，展览的成功举办就是水到渠成的事情了。

3. 海外展的人员选择很重要

现场展览效果的好与坏，一方面取决于展览是否符合对方需要及对方的兴趣大小，另一方面中方参展人员的临场发挥和现场交流也很重要。这就对外出人员的素质与能力提出了很高的要求。熟知展览的目的意义和展品资料是起码的要求，对展品的现场介绍可以激发参观人员的兴趣，也可以引发观众对中国文化进一步学习和探索的热情，甚至可以擦出另一项工作的思想火花或者创造合作的契机；同时，中外交流的各种礼仪和注意事项也是需要特别注意的。举办展览这件事往小了说就是一次展览，往大了说也是一次国与国之间的文化交流过程。展览期间与国际友人交流的场合很多，偶尔的措辞不当或不注意，就有可能招致对方的反感，严重的还可能引发冲突。所以，选择综合素质较高、临场应变能力较强的人员可以让展览的过程进行得更加顺利，展示效果也会更好。

4. 海外展的后勤保障工作很重要

海外办展，工作人员仅有数名，办展时间短短几天，然而为了这项工作的顺利进行，需要很多人长时间的筹备，需要财政经费的保障，需要单位上级领导的支持，还有其他有关部门的支持，缺一不可。特别要提到的是，单位领导的超前考虑和正确决策十分关键。仅以本次海外展为例，最开始的出发点就是考虑到中丝馆的更高定位和进一步的发展方向的问题。想要成为国际性的档案和丝绸文化的交流平台，走出国门是必须要走的一条路。中丝馆未雨绸缪，提前两年想到这个问题，在2015年就争取到了宝贵的公务出国指标，从而满足海外办展的先决条件。同时,举办丝绸文化题材的展览主题也迎合了国家"一带一路"倡议和苏州的丝绸产业振兴发展规划,是为苏州增添亮点的创新举措,这有赖于领导对国家大政方针和苏州发展形势的准确把握以及时机的掌握,临时"抱佛脚"是肯定做不成这项工作的。

(作者:甘戈 卜鉴民 原载《中国档案》2017年第12期)

身在其中　方知其味
——赴美培训见闻走笔

2017年12月10日至24日，江苏省档案系统组织了主题为"电子文件真实性保障策略"的培训，参加培训的人员赴美国纽约、洛杉矶进行了为期两周的学习。通过短暂的学习，笔者对美国同行的工作有了切身体验，还从档案这个触角领略到美国万花筒般的文化，感受到档案的伦理、档案的价值在美国社会无所不在。

培训基地波莫纳理工大学是加州州立大学23所分校之一，位于大洛杉矶下属88个市之一的波莫纳市，占地8 600余亩（约5.73平方千米）。1938年，W. K. 凯洛格先生把自己的阿拉伯马场捐赠给加州政府，从而建起了这所学校，唯一的要求就是保留部分马场。学校的吉祥物是小野马，图书馆还有一间阿拉伯马陈列室，这些都是校史的一部分。学校下设9大学院，其中延展教育学院负责国际培训业务，仅中国江苏就有24所高校与其达成了合作项目。

一、美国档案系统的组织和历史源流

加州波莫纳理工大学围绕培训主题开设了多场跨学科讲座，内容包括云计算研究与应用、数字记忆与信息安全、全球视野与创新，以及互联网档案馆、美国档案工作历史与源流和专业认同等。通过参观走访罗斯福总统图书馆、美国国家档案馆纽约分馆、纽约州立档案馆、洛杉矶市档案馆、纽约大都会博物馆、纽约公共图书馆、美国自然历史博物馆、波莫纳理工大学图书馆特藏部，与联邦档案机构官员、档案专家、历史学者、大学教授及相关专业人士进行交流和探

讨，笔者对美国档案工作的历史有了初步认识。

美国于 1776 年 7 月 4 日建国，至今只有 200 多年历史。可能正因为历史短暂，美国人似乎特别珍惜自己的过去，十分重视档案的收集、保管和利用，加上美国物质基础雄厚，由此为档案工作创造了相当优越的条件。在美国到处都可以看到博物馆、纪念馆和档案馆。由于历史原因，美国档案馆与图书馆、博物馆之间的收藏界限有点模糊。众多博物馆和图书馆也保存着大量文献、手稿、名人家谱及实物档案。

值得一提的还有文件中心。美国文件中心最早建于第二次世界大战期间，是政府文件向档案馆移交前的中间存放场所，又名"中间档案馆"。这里保存的文件或因在机关的保存期未满，或因价值未经鉴定，既不能销毁又不能移交进馆。文件进入中心后，所有权仍归原机关，其他机关若要利用，须征得原机关的同意。文件在中心的保存时间从几个月到几十年不等。尽管这些文件中心规模很大，但不少中心就是简易的铁皮大仓库，没有空调、除湿机，夏天靠大型鼓风机降温。文件中心的计算机管理十分先进，所有文件的目录均已录入计算机，查询快捷。文件中心的文件鉴定由专人负责，一般只有 3% 的文件进入档案馆。档案一旦进馆即受到重点保护，被形象地比喻为"上天堂"，其余文件一概销毁，被比喻为"下地狱"。

目前，美国国家档案和文件管理局（NARA）打造的电子文件档案馆（ERA）已基本建成。回顾其建设历程，有几个里程碑事件：2010 年 11 月，NARA 通告联邦首席信息官理事会的 30 个联邦机构成员单位，从 2011 年 3 月到 11 月开始实施 ERA，同时要求 200 个联邦机关的档案官员在 2011 年 7 月至 2012 年 9 月期间开始实施 ERA；2011 年 9 月，NARA 与国际商业机器公司（IBM）签订了为期 10 年、共计 2 亿美元的运行维护合同，由此，ERA 正式由开发阶段转入运行实施和维护阶段；2012 年 9 月之后，美国联邦所有机关都必须实现电子档案网上移交，移交电子档案已成为法规的强制要求。目前，NARA 馆藏电子档案已达 142 TB，并已开通网上公众利用站点，供公民查询利用联邦政府档案。

二、对中国档案建设的思考

电子文件与纸质文件的"双套制"管理是当下的权宜之计，在信息飞速发展的背景下，电子文件取代纸质文件只是时间的问题。因此，尽快出台相关法律政策保障电子文件的凭证作用和法律效益，开展电子文件真实性保障策略的研究具有深远意义。

随着信息技术的日新月异，我国目前已基本解决了电子文件长期保存的技术性问题，但至今仍未出台限制纸质文件产生或引导数字转型的政策法规，这就造成了"立法落后于技术"的尴尬局面。没有法律政策的约束，无论社会公众还是档案工作人员，都存在对电子载体的不信任，导致电子文件很难完全取代纸质文件。因此，开展电子文件真实性保障方面的研究的目的就是解决对电子文件的信任问题，研究内容包括如何通过电子签名、电子签章技术来应对真实性问题；如何建立确保电子文件保管链不被破坏的机制来保障文件的凭证作用；如何在数字信息易被篡改，从而导致数据黑幕普遍存在的情况下，处理好保护档案中大量个人信息或隐私与满足开放利用需求的矛盾等。

在当今这个电子时代，企业和政府生成了大量原生电子信息。因此，未来的趋势是档案人员必须集中精力搞清楚开发什么样的程序和技术来长期保存数字格式的档案馆藏。

美国是互联网时代的引领者，其对档案的认同和信任，从美国立国之初就根植于立法、司法基因之中。尽管在技术层面上我国近年来已大踏步跟进甚至超越，但美国在长期的治理实践中形成的"法规遵从"理念和整套证据规则对于我们完善档案现代治理体制有着积极的借鉴价值。

（作者：李艳兰　原载《中国档案报》2018年4月23日）

德国联邦军事档案馆学习访问启示

2018年7月8日,笔者访问了位于弗莱堡的德国联邦军事档案馆。尽管只是管中窥豹,但德国档案部门严谨、实用的管理风格还是给笔者留下了深刻印象,同时笔者也得到了很多启示。

现在的德国联邦档案馆成立于1990年,两德统一之后,由原联邦德国的联邦档案馆和原民主德国的中央国家档案馆合并而成。在联邦体制下,德国联邦档案馆与各州、县市档案馆互不隶属,但保持密切的合作。联邦档案馆隶属于内政部,内设机构包括中央行政事务部、中央专门事务部、档案信息技术部、私人手稿和音像档案部、军事档案部等9个部,此外,还在各地设有10个分馆。弗莱堡的这座军事档案馆就直接隶属于德国联邦档案馆,保管和德国相关的军事档案,以及相关军事人物的档案和资料。值得一提的是,馆内有几个特色库区。

首先是开放图书区。由于历史原因,军事档案馆保存有718件1897年至1918年间与中国青岛有关的档案。因笔者一行的到来,馆方特意挑选出一些具代表性的照片和实物档案进行展示,其中包括1897年清政府割让胶州湾的文书、1900年开工建设青岛德租界第一栋房子的照片、德国在青岛办学培养本地建设人才和开办医学院的照片,还有因想在中国租界生产丝绸而从英法等地进口的丝绸样本。

其次是军事地图区。该区域保存了100万份德国的军事地图,仅第二次世界大战期间的地图就有2万多册,这些战时的地图完整地反映出了第二次世界大战期间德军的作战和推进过程,具有重要价值。除此以外，地图区也有一些馆藏与中国有关，例如胶州湾在德国殖民期间的规划图，租界核心地（还细分为欧洲城市区、本地手工业者区域）、港口、驻军地一目了然。据介绍，德国联邦军事档案馆还曾与青岛市档案馆合作出版了收藏在德国各个档案馆的青岛鸟瞰图集。

随后笔者一行来到保管德国军事船只图纸的库区。这一区域存有1918年之前的1万余份德军船只图纸，截面图、侧面图都非常详尽。据工作人员说，时常有游戏公司前来查询船只图纸，用以开发相关的军事游戏软件。

最后是军士个人信息区，拥有官方记录的士兵和军官的参军入籍卡大多藏于此处。据统计，第一次世界大战和第二次世界大战期间总共应有1800万士兵建档，然而战火无情，第二次世界大战结束后仅官方估计就有100多万士兵下落不明，入伍时没有记录或是记录遗失，损坏的档案更是不计其数。所以军事档案馆里现存的算是在战争中"有始有终"的见证者。

可以说，德国军事档案馆是德国专业档案馆的一个缩影，从中我们可以窥见德国档案工作的基本情况，并总结出值得借鉴的四点启示。

一是档案意识强、收集全面完整。档案只有在完整收集、规范整理后方能产生价值，在此之前，它们都只是一些散乱的原始记录。因此档案形成者对档案工作的了解程度和认识水平显得尤为重要。就这点而言，德国的档案工作显然是值得我们学习的。与中国青岛相关的那一张张百年前的老照片、一份份泛黄的文书等都被工整妥帖地保存至今，完好无损。在与中方合作出版的那册青岛鸟瞰图集中，笔者看到许多各种角度、不同时期、不同比例绘制的青岛地图……

二是保管统一、细致专业。德国联邦军事档案馆库房建设并不奢华复杂，但这丝毫不影响他们的规范管理。其中一些细节值得称道，图纸柜抽屉中防止图纸卷曲的压板、统一规格的军事地图装具、相较于竖放更有利于文书长期保存不变形的横向放置方式……许多细节处都体现出德国人严谨、专业的工作态度。同时他们也在逐步引入科技水平更高的防火材料装具和灭火设备，运用新技术更好地保管档案。令笔者和同行印象最深的是，当问及档案馆的消防安全措施时，工作人员说，任何消防设置都只是在火情发生后的辅助措施，防火最重要的是预防，只有尽可能地减少火灾隐患、杜绝一切有可能引发火灾的因素才是关键。

三是开发利用务实、注重实效。德国联邦军事档案馆馆藏数量庞大，除了第一次世界大战和第二次世界大战期间的军事记录，还有1949年至1989年联邦德国相关军事档案，两德统一后，国家的军事档案更是悉数保管于弗莱堡，档案排架总长度超过55千米。目前所有档案目录、所有已公开档案和军事影片档案均已完成数字化，并公布在德国联邦军事档案馆的官网上，方便公众查阅利用。而在档案收集方面，他们并不是一味看重数量，例如德国联邦有现役的军士900万人，所有军士的个人信息将会在退役后移交至德国联邦军事档案馆，但档案馆仅会选取其中一部分实体档案进行保存，其余都将只保管电子档案。这样不仅能确保档案不遗失，还能保证不占用库房太多容量。与我国档案工作自古以来"自上而下"、主要作为一项"参考资政"手段、服务社会与民众观念普及较晚的情况不同，德国档案部门的务实风格一方面源于西方人较注重个体和实用性，一方面也源于欧洲档案学不论是萌芽还是发展改革都是在档案实践、公众利用需求的驱使下一步步向前推进的。

四是档案工作从业标准高。德国联邦军事档案馆的高级档案管理人员通常都具有深厚的专业背景和完备的知识结构，普通档案工作人员也都接受过不同程度的职业培训，因此档案从业人员不仅能够熟练掌握日益普及的信息化管理手段，同时还具备一定的档案学术研究能力。反观我国，尽管档案工作人员数量庞大，但由于整体受教育程度和职业培训程度参差不齐，很多时候制约了他们的学术研究能力的发展。

此次出访，笔者对德国档案工作有了初步的认识，看到了中德档案工作在内容的广度和深度之间的差异,也看到了我们在档案资源建设与共享中的问题。不过,在和国外同行的交流过程中,笔者也欣喜地发现我国档案工作取得了长足进步,与发达国家间的差距正在逐步缩小。

(作者:董文弢 原载《中国档案报》2019年4月18日)

从"深闺"走向世界

——苏州丝绸档案赴德国、捷克展览纪实

2017年6月23日至7月1日,苏州中国丝绸档案馆代表团应邀赴德国、捷克进行馆藏精品丝绸档案展示交流,获得了圆满成功。此次展览交流活动既宣传了苏州中国丝绸档案馆,传播了丝绸档案文化,又让代表团对德国、捷克两国在档案保管、开发利用等方面的工作情况有了系统认识,为苏州中国丝绸档案馆提供了有益借鉴。

一、别具一格的展品

赴德国、捷克举办档案展览在2016年已经确定。此前,苏州中国丝绸档案馆曾赴法国举办展览,根据以往经验,携带大件展品出入境存在诸多问题。因此,此次去德国和捷克展览,如何携带展品是首先要考虑的问题。最终,苏州中国丝绸档案馆借助传统丝绸样本档案传承与恢复基地的力量,设计了一款长70厘米、宽170cm厘米、且两端加装有中国传统盘扣的丝绸展板。加装盘扣的目的是为了在展览结束后,丝绸展板还可以作为围巾或披肩使用。另外,每一幅丝绸展板都可以折叠起来装在丝绸收纳袋里,作为礼品赠送。

本次展览一共准备了3套展品,每套包括23幅丝绸展板和一张三折页简介,展板内容包括:苏州中国丝绸档案馆馆藏精品档案展简介,苏州中国丝绸档案馆简介,十四大类丝绸样本,宋锦、缂丝、漳缎、罗、塔夫绸、像锦、苏绣,古织机,清朝丝绸制品(补子),民国丝绸婚书,丝绸商标档案,丝绸样本配套工艺单,获奖丝绸的样

本，意匠图，真丝剪绸，"丝立方"国礼，2014年亚太经合组织峰会服装面料，2016年G20峰会国礼——苏州丝绸《合礼》，展示了苏州丝绸文化的魅力，特别是苏州丝绸档案作为入选《世界记忆亚太地区名录》的珍贵档案文化遗产，在宣传推介国家"一带一路"倡议上发挥了积极作用。

二、友好深入的交流

德国海德堡档案馆与江苏档案部门的友谊由来已久。代表团正是在此渊源下，访问了海德堡档案馆。海德堡档案馆位于海德堡国际中学校园地下室，经改建而成，馆库面积不大，馆藏量约为3.7千米排架长度，有10名工作人员。德国档案数字化工作起步较晚，目前海德堡档案馆只对少量的档案进行了数字化处理，包括扫描和缩微拍摄。在档案馆库房，大家看到了公元895年的羊皮档案、1572年的海德堡城市图、1860年的老照片、18世纪的公务文件等载体丰富、内容珍贵的档案。

在德国弗莱堡大学孔子学院，中方院长、执行院长等负责人会见了代表团一行。现场布置的"中国丝绸档案馆馆藏精品档案展"向学院师生展现了独特的丝绸魅力。展览结束后，代表团将展品赠送给孔子学院。孔子学院相关负责人表示，这批珍贵的丝绸档案将有助于中国丝绸文化在弗莱堡的传播，院方希望加强与苏州中国丝绸档案馆的合作。弗莱堡大学孔子学院于2009年由南京大学、弗莱堡大学合作成立。目前，汉文化学习在弗莱堡很热门，部分中小学校将中文纳入了学校考试范围。

在捷克梅尔尼克市，代表团同梅尔尼克市长进行了会谈。市长向代表团发出邀请，希望能在梅尔尼克举办一场苏州丝绸展览，向该市市民宣传中国丝绸文化。

在捷克布拉格欧盟中国经济政治研究所，代表团一行布置了丝绸档案展览，与研究所负责人、查理大学教授等进行了交流讨论。他们均对苏州丝绸非常感兴趣，希望苏州中国丝绸档案馆能在布拉格举办一次大型展览，甚至希望相关丝绸展览可以走进捷克的校园里。布拉格欧盟中国经济政治研究所的使命是改善和加强欧盟与中国的关系，在教育和研究领域扩大交流与合作。

丝绸作为古丝绸之路的媒介，架起了中西方文明交流的桥梁。苏州中国丝绸档案馆此次到海外举办展览，增强了国家间的文化交流，展现了苏州丝绸文化魅力，对档案系统助力"一带一路"建设有很大的帮助。

三、超乎预期的成果

自苏州丝绸档案成功入选《世界记忆亚太地区名录》后，苏州中国丝绸档案馆积极推广丝绸档案文化，先后赴法国、斯洛伐克等国家举办苏州丝绸档案展。展览所到之处，代表团不但深受欢迎，还取得了两项意料之外的成果。

一是营造了申报《世界记忆名录》的良好氛围。2017年年初，在国家档案局的大力支持下，苏州丝绸档案申报了《世界记忆名录》。目前申报材料和补充材料已递交至评审委员会。此次在德国、捷克与当地政府和档案馆开展互动交流，布置苏州丝绸展览等活动，提升了苏州丝绸档案文化的国际影响力，进一步为苏州丝绸档案申遗营造了良好氛围。

二是首次在海外孔子学院举办展览，并达成初步合作意向。此次海外展览是国家档案局"一带一路"档案展的组成部分，也是继2017年5月"一带一路"档案展览苏州首展后又一次重要展览活动。在弗莱堡大学孔子学院，中方院长对苏州丝绸档案很感兴趣，提出了进一步交流合作的意向。下一步，苏州中国丝绸档案馆将积极与国家汉办沟通联络，强化与弗莱堡大学孔子学院的联系，并将通过与不同国家和地区档案部门的合作，展示和宣传苏州丝绸档案文化，讲好苏州故事，让苏州丝绸真正走向世界。

四、实践创新的启示

通过此次赴德国、捷克进行丝绸档案文化展示交流,代表团一行收获颇丰,感触良多。

1. 文化传承是档案部门的应有责任

欧洲国家对文化传承格外重视,弗莱堡、海德堡、布拉格都是历史文化名城。布拉格是全球第一个整座城市被评为世界文化遗产的城市,古城保护十分完整,文化氛围浓厚。档案是文化传承的最重要载体,海德堡档案馆完整保管着公元895年的羊皮卷档案、1572年的海德堡城市图等大量珍贵历史档案,充分说明德国档案部门对历史的重视。我国有着悠久的文明史,档案部门承担着传承历史记忆、弘扬现代文明的神圣使命。文化传承不是一朝一夕能完成的,档案部门任重而道远。

2. 苏州丝绸档案文化宣传工作大有可为

丝绸是苏州的"烫金名片",自古以来,苏州就是"丝绸之府"。苏州丝绸的档案文化同样精彩,但从挖掘文化内涵、推进中欧关系的角度看,苏州丝绸档案文化的开发尚处于起步阶段。在本次展览交流中,代表团发现,外方虽然对丝绸的种类、技艺等不太了解,但都对丝绸文化表示出浓郁的兴趣,希望中方能举办大型展览展示或进行交流报告。由此可见,丝绸文化在欧洲具有很高的社会认同度,中国丝绸档案文化宣传工作大有可为。

3. 积极引导培养档案文化意识

代表团在孔子学院展览厅内看到了一组古朴典雅的瓷器展览。据孔子学院中方院长介绍,这些实物展品是当地人出于宣传展示瓷器文化的目的而捐赠的。由此不难看出,当地社会的文化传承情结深厚,档案文化意识充分。这一组精美瓷器作为实物档案在孔子学院展示,具有教育并激励后人的积极作用。档案部门不仅应在档案开发利用保护等传统领域发力,更应以培养社会档案文化意识为己任,充分发挥档案资政育人功能,让档案文化意识一代代传承下去。

4. 强化与孔子学院联系，共同宣传丝绸档案文化

在弗莱堡孔子学院举办展览是此行的意外收获。孔子学院致力于增进世界各国（地区）人民对中国语言文化的了解，加强中国与世界各国教育文化交流合作，发展中国与各国的友好关系，而丝绸正是中国传统文化的代表之一，在中国倡导"一带一路"建设的背景下，苏州中国丝绸档案馆与孔子学院合作正当其时。

（作者：吴飞　苏锦　原载《中国档案报》2017年9月18日）

原则与路径：从"殊途"走向"同归"

——江苏档案培训团赴美培训考察印象和思考

2017年12月10日至24日，以江苏省档案局副局长陈万田为团长的江苏档案培训团一行19人赴美国纽约和洛杉矶参加为期两周的"电子文件真实性保障策略"专题培训。邀请方波莫纳加州理工大学（CAL POLY POMONA）围绕培训主题开设了多场跨学科讲座，内容包括云计算研究与应用、数字记忆与信息安全、全球视野与创新，以及互联网档案馆、美国档案工作历史与源流和专业认同等；参观考察了美国国家档案馆纽约分馆、罗斯福总统图书馆、纽约州立档案馆、纽约大都会博物馆、纽约公共图书馆、美国自然历史博物馆、洛杉矶市档案馆、波莫纳理工大学图书馆特藏部；与联邦档案机构官员、档案专家、历史学者、大学教授及相关专业人士进行了交流和探讨。

在美期间，培训团全体成员表现出了良好的精神风貌和求知热情，学习参观兴致盎然，交流活跃。校方接待也十分严谨周到，虽然临近圣诞假期，但师资课程、公务活动等各项安排妥帖紧凑。通过短暂的培训考察，培训团成员对美国同行的工作有了切身的体验，通过档案这个触角，还领略到万花筒般的美国文化，不仅增长了见识，开阔了视野，也启发了思考。林立树在《美国通史》里说过：美国是个"依文献而立，循法律而治"的国家。这个文化大熔炉历经两百多年的沧桑变化，档案的伦理、档案的价值无所不在。

1. 电子文件的真实性保障：共同面对的挑战

电子文件的急剧增长是信息时代的重要特征，它与生俱来的脆弱性又给人类历史带来潜在威胁。

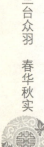

对于档案工作者来说，电子介质和虚拟世界似乎永远活在当下，它缥缈、短暂、易变，让人无法轻易信任。至今，双套制归档仍是国内外通常采用的权宜之计，然而毋庸置疑，电子文件的异质备份，终将是不能承受之重。随着互联网新技术与数字转型进程的快速发展，电子文件真实性、安全性、长期可读性均面临挑战，信息资源的开发利用能力和国家控制能力同样面临严峻的考验。这正是江苏档案培训团以"电子文件真实性保障策略"作为培训主题的背景。

美国是互联网时代的开创者和引领者，也是电子记录管理策略和应用开发的先行者；美国社会文化对档案的认同和信任根植于立法、司法的基因之中，在长期的治理实践中形成了"法规遵从"理念和整套的证据规则。所有这些因素建立起信息技术条件下的档案治理机制，为我们选择适合自身情况的电子文件管理策略提供了多维度的参考。

整个行程中所有关于电子文件管理的提问，美国同行都反应淡然。而与此同时，第八届中国电子文件论坛暨第三届档案社交媒体圆桌会议正在北京召开，会上报告连场、人头攒动，各种新理念、新概念、新探索层出不穷。相比国内热火朝天的讨论，在美国同行眼里似乎这仅仅是一项日常工作。这到底是追赶者的雄心勃勃，还是先行者的漫不经心？答案恐怕还在别处。

2. 从观感到认知：美国档案工作的历史源流

美国国家档案馆建立之前，包括殖民地时期大约有300年历史。今天在联邦或州、县的很多档案机构，都能看到大量17世纪和18世纪殖民地时期的档案，其丰富性与珍贵性令人惊叹。成就这一事实的关键是人对档案的认知，机构和场所并不重要。确实，美国社会、公众对档案的认知早在英属殖民地时期就已生根。英国是最早脱离罗马教廷，率先进入近现代社会的国家。英属殖民地有着世俗理性的传统，肯定个人的权利和财产，凡事通过立约产生，立字为据，以此来赋予其合法性、合理性。这就孕育出对档案——证据文件的认同和信任。

1783年独立战争结束后,《美英和约》中特别规定,凡属任何一州和其公民所有的在战争中落入英军手中的一切档案,应立即归还给它们原属的机构或个人。南北战争之后,美国人越来越热衷于书写他们从荒野中站立并捍卫自由的历史,图书馆和历史协会竞相跨过大西洋去欧洲的档案馆搜寻殖民时期的档案。一些历史学家意识到,必须阻止国会图书馆那样随意处置档案的做法,他们开始不断地呼吁建立像欧洲那样的国家档案馆。直到富兰克林·罗斯福总统为摆脱大萧条推行积极政府政策的1934年,国会才批准总统签署的《关于建立国家档案馆的法令》,确立了它在美国联邦政府系统中的独立地位,从法律上肯定了来源原则、尊重全宗原则等欧洲先进的档案学思想。按文件组合、案卷序列归类整理的方法终于取代了图书馆的《杜威十进分类法》。1938年,罗斯福建立总统图书馆的建议得到国会批准。总统任内各种文献、手稿、档案从私人物品转为国家记忆。

　　在相当长的时间里,美国人自行其是,特立独行的档案管理实践在他们看来天经地义,与他们早已习惯并成为国家政治哲学传统的立约、分权和自治的理念一脉相承。他们对档案于个人和社会的价值有深刻的理解,他们同样笃信自己能用与众不同的方法解决有关档案的问题,直到专业认同出现危机,才再次接过欧洲档案思想的火种,回归主流。

3. 文件与档案:数字时代仍须辨析的概念

　　鉴于档案实务中"文件管理"与"档案管理"的分隔状态,档案界一个普遍的诉求是对电子文件实行全过程管理和前端控制以保证其真实性、可靠性、完整性,甚至想当然地认为应将国家档案局改为国家文件与档案局,把对美国档案管理实践的片面理解拿来作为支撑的依据。于是,档案界对本就不甚了了的电子文件和电子档案更是不加区分,还直接采取"拿来主义",将电子文件管理及元数据国际标准当作国家档案工作标准。这对当前正在推进的电子档案管理系统建设是不利的,因为概念越宽泛、越模糊,就越难以界定专业价值。

　　"National Archives and Records Administration（NARA）"通常翻

译为"美国国家档案和文件局"。事实上,"Records"在绝大多数情况下就是指"档案"而非"文件"。上述英文正确的翻译应该是"美国国家档案馆与档案管理局",机构设置相当于中国的中央档案馆、国家档案局。1950年《联邦档案法》颁布后开始建立的联邦档案中心(Federal Records Center),也称"中间档案馆"。长期以来,由于对"Records"含义的误解,人们至今还习惯性地称其为"联邦文件中心"。

关于"Document""Records""Archives"的关系,国内外已有很多文章进行阐述,在信息时代,信息技术界也加入这一讨论。概括而言,"Records"是具有证据作用的档案,不是文件(Documents);而"Archives"首先是指档案机构、档案库、档案界,或特指永久档案,也有长久保存的意思。在信息化条件下,文件是基本的、非结构化形式的行政、业务及交流工具。文件管理系统(DM)提供文件存储库,以加强分享知识与协作的能力;而档案管理系统(RM)更侧重于维护证据,记载与法规、财务、运营有关或历史性活动的事件。DM保存文件更多是为参考;RM却要考虑不同档案的合理期限,并有严格的归档许可制度及基于角色的用户安全模式。所以,区别电子档案与电子文件的基本视角还是立足于法定效力,最关键的一点就是含有管理信息、追踪溯源信息、系统结构信息的元数据。

在美国这样比较成熟的治理体制中,任何一种专业认知必定包含它的价值理念,这是界定其社会角色的基础。处在快速进步和转型中的中国,数据、信息、文件、档案这些概念之间共识的边界已经模糊。对此,冯惠玲教授在第八届中国电子文件管理论坛上有一段中肯的描述:我们在辨析数据、信息、文件、档案这些概念的同时,必须承认当下存在这几个概念混合交叉的现象,我们应当将其中原生的具有保存价值的部分都纳入我们管理的视线范围,而不纠结于它叫什么。

4. 法规遵从:档案的原则与使命

近代美国的崛起得益于它不断健全的法治文明。在整个法律框架中，档案一个重要的价值使命就是维系司法证据的获取。

《联邦证据规则》中"最佳证据"的核心要义是：以文件内容而不是以文件本身作为证据的一方当事人，必须提出文件内容的原始证据。档案即是文件原始性的最佳证明。在法律技术上，对文件内容原始性的证明，可以转化为以提交档案来佐证，或者用元数据证明电子档案的真实性和原始性。

2001年，美国的安然、安达信事件促使美国国会就此通过了多项针对公司业务、财务数据的强制性法规，对企业的业务、财务数据设定了严格的存储保存期限。其中电子数据的保护与管理成为法规制约的焦点所在。这一事件还直接导致《萨班斯法案》（SOX法案，上市公司责任法案）及"法规遵从"理念的诞生，引起人们对企业经营过程中档案诚信与依法管理问题的重视。SOX法案的相关内容还被补充进美国法典。"法规遵从"要求企业每一个流程都经得起法律检验和追溯，并且能提供最佳证据——档案。"法规遵从"今天不仅被全球企业所奉行，而且成为一种更为普适的、日常的理念和原则。

21世纪以来，美国在电子档案管理上取得重要进展。国家电子文件档案馆（Electronic Records Archives，ERA）项目建成运行推进了所有联邦机构电子档案的管理工作。奥巴马任期内签署的"联邦政府档案管理"总统备忘录和《政府档案管理指令》，对电子档案、电子邮件档案替代纸质档案的最后期限做出了明确规定。2014年9月，国会通过《联邦档案责任法案》，这是信息技术背景下美国联邦机构档案管理转型的一项重要法案。

5. 彰显档案的意义：档案工作创新发展的策略选择

美国作为一个历史短暂国家，从诞生起就是个世俗的、草根的、现代的国家。在经历"进步时代"一系列深刻的社会变革之后，美国真正成为20世纪世界的新巨人，美国档案工作也在完善法治环境、推进专业化进程以及公共服务等方面成为现代档案工作的模板。

中国从悠久的历史中走来，尽管与美国相比，文化背景不同，现实路径相异，但中美档案工作在价值取向、社会功能、档案理论与实践方面并无本质区别。早在20世纪30年代，民国政府的文书档案改革运动，就是基于美国进步时代掀起的行政效率研究热潮，提出了文书档案连锁法等一系列改革措施，成为中国现代档案工作源流之一。文书档案改革运动与小罗斯福新政成立美国国家档案馆在背景和诉求上几乎一致，这是中美开启现代文件与档案管理工作之时的第一次交集。

改革开放以来，中国档案工作领域学习借鉴美国的治理经验并取得丰硕成果，从完善资源体系到面向社会服务，从建立信息公开制度到引入法规遵从原则，并全面推广。信息时代，中国现代档案治理面临跨越式进步的巨大机遇，我们需要更深入地分析研究和学习借鉴美国档案信息化管理的成效、过程和特点。"借鉴"不是简单地照搬拼凑，而是认清难点与优势，扬长避短。世界永远充满差异，我们只有结合自身特点、取长补短，在战略、技术和管理三个层面做足功课，才能与美国殊途同归。

第一，在战略层面需要科学务实的顶层设计，深刻理解档案与档案工作的价值使命。

美国档案机构的角色设计，在其法律中有明确的界定。美国档案工作的价值使命，概括而言：在国家社会层面是记忆留存，在治权运行层面是证据固定，在社会大众层面是满足诉求。从克林顿"重塑政府"运动到布什发布《电子政府法案》，再到奥巴马以"信息公开"与"透明政府"为关注点，历届总统推进、实施电子文件管理的立法与政策均立足于联邦政府的治理理念之上。

中国有着覆盖全国、网状分布的档案工作体系。各级档案行政管理部门的价值使命也可以理解为三点：历史责任、文化担当、满足需求。目前我国电子文件管理的现状需要科学务实的顶层设计：明确国家对于电子文件管理的原则性方针，以及一定历史时期内应该达到的目标、遵循的行动规则等；理顺体制机制，为电子文件的真实、完整、可靠和可用提供制度保证；同时积极开展社会宣传，提供社会服务，把"阳光政府"完善管理与公众切身利益联系起来。

第二，在技术层面加大研发和资金投入，建设一个具有完整覆盖性、包容性的集成系统。

美国联邦政府的电子档案管理采用立法引导、标准先行、技术驱动相辅相成的滚动发展策略。利用强大的高技术支撑能力建设电子文件档案馆（ERA）项目，从1998年由美国国家档案馆与档案管理局（NARA）投入启动资金进行研究，2005年与洛克希德·马丁公司签订建设合同，到2012年花费近10亿美元基本建成运行，在系统功能、技术规范等方面发挥了带动整体的作用。NARA通过研究得出结论：完备的ERA并非仅是通常意义上的一个系统，它是一个综合的、系统的、动态的手段和方法集成体，能够跨越时间持续提供真实的电子档案利用，从而实现档案的功能。因而，那种认为仅靠建立一个系统就能满足保存电子档案需求的观点是短视的。

中国讨论电子文件管理已有20年，但是，鉴于中央、地方、各专业系统电子文件管理的特点和信息化发展水平等庞杂的情况，至今档案管理系统技术研发仍处于零散状态，不仅造成巨大浪费，而且不利于电子文件管理大范围启动并快速推进。

第三，在管理层面加快立法进程，规范管理流程和技术标准，同时整合电子档案资源。

2010年，由中央办公厅牵头，成立了电子文件部际联席会议，国家档案局是14个成员之一。近年出台了一系列规范性文件和行业标准，但缺少限制纸质文件或引导数字转型的政策法规，这就造成了"立法落后于技术"的尴尬局面，无法确立电子档案管理的法定路径。

从资源建设看，美国国家档案馆的历史不足100年，但收藏了海量的珍贵档案，其中大量的手稿、地图、影片、照片来源于图书馆、民间历史协会或私人机构。群众同样也发挥了巨大作用。比如马修·布雷迪，南北战争时期著名的摄影师，就是第一个把纪实摄影带进档案家族的人。此后两次世界大战时期美军每个连队都配备摄影兵。

中华民族有着五千年的悠久历史，档案是这些历史的忠实记录者，然而在历史的兴亡更替中档案遭遇了无数次毁灭。在科技日新月异的新时代，我们如何做好历史的守护者？如何更好地发挥集中统一管理原则的优势、突破行业条块壁垒森严的档案资源分布现状？答案就是借鉴美国公共档案资源高度集中的经验，尝试建立公共档案专题资源库，同时结合我国档案管理的具体情况，洋为中用。

（作者：桂若棣　李艳兰　原载《档案与建设》2018年第5期）

"六大工程" 构建新时代档案发展新优势

近年来，苏州市工商档案管理中心（简称"中心"）深入学习贯彻习近平新时代中国特色社会主义思想，持续加强档案资源体系、档案利用体系、档案安全体系建设，积极开展解放思想大讨论活动，推动"六大工程"建设，构建了新时代档案发展新优势。

一、实施党建提升工程

政治属性是档案工作的重要属性，做好档案工作，必须增强"四个意识"，坚定"四个自信"，坚决贯彻落实党中央的各项决策部署，自觉在政治立场、政治方向、政治原则、政治道路上同以习近平同志为核心的党中央保持高度一致，确保档案工作始终沿着正确方向向前推进。中心坚持以党的政治建设为统领，不断筑牢思想基础，深入开展习近平新时代中国特色社会主义思想学习教育，扎实推进"两学一做"学习教育常态化、制度化，每月在党员干部中进行习近平新时代中国特色社会主义思想和党的十九大精神等专题理论测试，使每个党员干部做到真学、真懂、真信、真用。扎实推进解放思想大讨论活动，坚持对标导向、问题导向、标杆导向、目标导向、创新导向、实效导向，发挥"关键少数"的带头作用，使解放思想成为全体党员干部的高度自觉和不懈追求。持之以恒正风肃纪，开展党风廉政建设与反腐败工作，实践运用监督执纪"第一种形态"，不断营造风清气正的政治生态。持续强化党员日常教育管理监督，努力锻造忠诚、干净、担当的档案干部队伍。

二、实施苏州中国丝绸档案馆建设工程

苏州中国丝绸档案馆经国务院办公厅、国家档案局批准设立,是国内地市级城市中第一家"中"字头的专业档案馆。该馆于2018年11月10日奠基开工,总投资1.5亿元,建筑面积8 715平方米,预计2020年建成,将成为集收藏、保护、利用、研究、展示、教育、宣传、旅游、休闲等功能于一体的具有行业特色和苏州特色的国家级档案馆。中国丝绸档案馆的建设,对苏州建设古今辉映的历史文化名城和响应"一带一路"倡议有着十分重要的意义。同时,它将为苏州市丝绸产业振兴发展搭建一个很好的平台,为丝绸产业转型发展增添动力。该馆馆藏中最令人瞩目的是入选联合国教科文组织《世界记忆名录》的"近现代中国苏州丝绸档案"。该组档案是近现代丝绸企业在绸缎设计、试样、生产及交流过程中逐步积累形成的丝绸档案,共计29 592卷。

中国丝绸档案馆在馆企合作和丰富馆藏方面成绩显著。

一是发挥馆企合作社会效益。中心在筹建中国丝绸档案馆期间,创新开展档案开发利用模式,与18家丝绸企业共建传统丝绸样本档案传承与恢复基地,使珍贵文献保护和开发突破束之高阁或小众研究的局限。组建了中国丝绸档案馆专家库,为档案馆发展凝聚力量。充分依托国内外重大宣传展示平台,扩大文化影响力,2015年、2016年、2018年,3次参加苏州文化创意设计产业交易博览会,举办主题展览,获得了社会各界的热烈反响。

二是丰富馆藏档案资源建设。苏州中国丝绸档案馆积极面向全国征集珍贵的丝绸档案。自2013年以来,中国丝绸档案馆工作人员已赴28个省、自治区、直辖市开展征集工作。2015—2018年,中国丝绸档案馆获政府1 500万元征集资金支持,征集到近2万件丝绸实物和史料档案,极大地丰富了馆藏。

三、实施世界记忆效应工程

2017 年 10 月,"近现代中国苏州丝绸档案"成功入选联合国教科文组织《世界记忆名录》,这是档案部门贯彻"一带一路"倡议、服务苏州丝绸产业振兴规划的重要成果。该档案也是中国唯一一组由地市级档案部门单独申报并成功入选的档案文献。

为了更好地发挥"近现代中国苏州丝绸档案"入选《世界记忆名录》带来的社会影响,更好地发挥其影响所带来的后续效应,中心重点做好以下几方面工作:

一是高标准建好世界记忆项目苏州学术中心(简称"学术中心")。2018 年 11 月,在"近现代中国苏州丝绸档案"成功入选《世界记忆名录》一周年之际,学术中心在苏州市档案局正式揭牌成立。世界记忆项目国际咨询委员会副主席、教育与研究分委员会主席洛塔尔·乔丹,世界记忆项目国际咨询委员会副主席帕帕·摩玛·迪奥普,国家档案局副局长付华,苏州市委副书记、市长李亚平,共同为学术中心揭牌。下一步,学术中心将以宣传推广世界记忆工程为目标,组织开展国际研讨会、世界记忆项目进校园等活动,开发档案文献遗产相关课程,努力提升社会档案意识。同时,积极探索档案文献遗产与世界文化遗产以及非物质文化遗产项目的协同合作,在更高层面上系统谋划并开展好学术中心建设工作。

二是高质量办好丝绸之路历史档案文献展。由中国第一历史档案馆主办的"锦瑟万里 虹贯东西"丝绸之路历史档案文献展于 2018 年 11 月 10 日在苏州开展,展览汇集了 342 件(组)历史档案珍品,展现了丝绸之路千年文化底蕴和中国与世界在外交、贸易、文化等方面的交往历史。下一步,中心将面向社会各界大力宣传此次展览,努力将展览所蕴含的档案文化充分向社会展示出来,发挥档案资政育人作用。

三是高水平组织好苏州丝绸档案海外展。坚定文化自信,进一步精心打造"苏州丝绸档案"这一文化名片,努力在推动"一带一路"

建设中贡献更多档案力量。持续开展苏州丝绸档案海外展，加强与文化部门、高校、公益组织等交流合作，用档案讲好苏州故事。

四、实施民生服务工程

改制企业档案在保障人民权益、维护社会稳定方面发挥着不可替代的作用。近年来，改制企业档案管理"苏州模式"获得社会各界高度认可。国家档案局局长李明华多次到中心视察指导，表示改制企业档案管理"苏州模式"堪称中国企业档案管理史上的一个创举，可以在全国推广。

中心在改制企业档案管理上下功夫，重点实施了以下两方面工作：

一是建立档案馆查档服务社会矛盾防控机制。针对查档利用制度相对滞后、查档时间不能满足利用者需求、查档供需不对称等问题，进一步完善查档服务，构建好档案馆与利用者之间的和谐关系，更好履行"为党管档，为国守史，为民服务"的神圣职责。目前，该研究项目已列入江苏省档案局科技项目计划。

二是加快档案数字化。目前，中心馆藏改制企业档案200余万卷、市区范围退休人员档案30余万卷，数字化率仅20%左右。下一步，将加大档案数字化进程，加快总经费625万元的市立项目"重点民生档案保护"和"退休人员档案数字化"的建设进度，计划分5年完成，努力实现"让数据多跑路，让群众少跑腿"。

五、实施人才培养工程

事业发展，关键在人，中心十分注重档案人才培养。近年来，已有5人获得高级职称，3人入选江苏省档案人才"151工程"。

进一步深化与中国人民大学信息资源管理学院（档案学院）、苏州大学外国语学院的合作，加强学术专业人才培养。积极鼓励中青年业务骨干参与科技专项项目，让大家在实践中发挥潜能、加快成长。积极组织跨专业、跨领域以及跨国界的交流合作，特别是逐步扩大国际交流合作,让大家在交流合作中学知识、长见识、增才干。近年来,中心共组织申报完成近20个科研项目,其中国家级项目2个、省级项目3个、市级项目13个,其中,"丝绸样本档案纳米技术保护研究及应用"项目分别获国家档案优秀科技成果三等奖、江苏省档案优秀科技成果一等奖,"宋锦样本档案工艺传承与产业化开发研究"项目获江苏省档案局优秀科技项目一等奖。

六、实施基础保障工程

档案安全是档案工作的底线。中心始终绷紧档案安全这根弦,本着对党负责、对人民负责、对历史负责的态度,持之以恒抓好档案实体和信息安全,确保档案事业健康发展。认真贯彻落实《关于进一步加强档案安全工作的意见》和全国档案安全工作会议精神,开展专项自查和整改,彻底排除档案安全隐患,确保档案安全万无一失。开展档案信息安全检查工作,特别对数字化外包加强管理,确保档案信息安全。严格执行ISO 9001质量管理体系,并于2018年顺利完成ISO 9001:2015换版现场审核,为规范中心档案工作打下坚实基础。中心2010年引入ISO质量管理体系,是江苏省档案系统内第一家通过此认证的档案管理部门。

站在新的历史起点上,苏州市工商档案管理中心将以思想大解放之勇,争高质量发展之先,努力为全市档案工作"五聚三特"、全省档案工作"两聚两高"做出新的贡献。

(作者:吴飞 陈鑫 原载《档案与建设》2018年第11期)

2019年10月1日，是中华人民共和国成立70周年的纪念日。在14亿中华同胞为祖国庆生之际，我们也在这样一个饱含喜悦又孕育希望的时节，将本书汇编付梓。因为2019年，同样也是苏州市工商档案管理中心（简称"中心"）成立的第12年，是苏州中国丝绸档案馆筹建的第6年，是"近现代中国苏州丝绸档案"成功入选《世界记忆名录》的两周年，是世界记忆项目苏州学术中心成立的一周年。我们希望通过汇编近年来中心工作人员所写文章，记录中心这一路走来的点滴成绩，让过往的岁月有迹可循，愿未来的路途坦荡如砥。

本书所收入的文章均为中心工作人员实践经验和思想火花的凝集。每位员工在不同的岗位，为中心贡献着各自的力量，推动着一个大家庭的稳步前行。"大鹏之动，非一羽之轻也；骐骥之速，非一足之力也。"这也是本书书名《兰台众羽 春华秋实》的由来，集众人之力共筑兰台，在祖国华诞之日享累累硕果。

在汇编过程中，我们以中心的发展历程为脉络，将全书划分为四个篇章："守护篇"，从接收保管开启档案守护，介绍中心管理改制企业档案和市级机关档案的优秀做法；"赋能篇"，以开发利用为档案赋能，记录中心发掘档案资源的开拓之举；"传承篇"，传文献记忆、承档案文化，总结世界记忆工程背景下中心激活丝绸档案的创新举措；"共享篇"，以共享促提升，探讨中心围绕档案工作开展国际交流、互通有无的先进经验。

　　透过这本书，我们仿佛看到了中心的过去、现在和未来。作为全国首家专门管理改制企业档案的机构，中心在未来必定还会面临许多未知的问题，这意味着"奋斗""创新""突破"仍然会是我们今后工作的主题词。在这机遇与挑战并存的时代，我们也将为助力档案事业蓬勃发展、助推丝绸文化和世界记忆项目有效开展，继续贡献属于自己的一份微薄之力。

　　就像习近平总书记所说，"幸福是奋斗出来的"，中心能发展至今并取得现有的成绩，离不开领导的睿智引领，也离不开工作人员的辛勤付出，更离不开志同道合者的大力支持，在此一并致以谢忱。

　　本书中的每一篇文章都倾注了作者的心血及其对中心的深厚情感。但是正如发展中的中心一样，每位员工尚在探索中不断学习和成长，书中难免有不当之处，请广大读者不吝赐教。

苏州市工商档案管理中心
2019 年 9 月